추적! 유니아는 여자 사도인가?

'로마서 16장 7절'에 숨겨진 여자 사도를 찾아서

유니아는 추적! 여자 사도인가?

'로마서 16장 7절'에 숨겨진 여자 사도를 찾아서

김철웅 지음

예솔

"김유나(Junia-롬 16:7)" & "김유리(Eunice-딤후 1:5)"
하나님께서 은혜로 허락하신 사랑하는 두 딸에게
이 책을 헌정합니다.

목차

추천사1   Rena Pederson (『The Lost Apostle: Junia』의 저자)   6

추천사2   Wanda Vassallo (『Junia: Woman Apostle—Only a Girl』의 저자)   8

추천사3   이동원 목사 (지구촌 교회 원로목사)   10

추천사4   소기천 교수 (장로회 신학대학교)   12

추천사5   Timothy Son 교수 (미국 피츠버그 신학교)   14

시작하는 말   16

제1장   21세기! 여인천하의 세기!   33

제2장   바울은 왜 로마에 편지를 써야했는가?   41

제3장   로마서 16장은 무엇을 말하는가?   57

제4장   유니아는 누구인가? (who)   71

제5장   유니아는 왜 중요한가? (why)   141

제6장   유니아는 무엇을 가르쳐 주는가? (what)   153

제7장   유니아와 21세기 여성 (where & how)   161

끝나는 말   168

참고문헌   172

추천사 1

This is great and good news that Dr. Chulwoong Kim has written a new book about Junia, the outstanding female apostle who is praised by Paul in 'Romans 16:7'. The stories of brave women of faith such as Junia deserve to be read and studied by new generations of Christians around the world. The reason is that these women – Junia, Phoebe, Priscilla, Mary Magdalene and more – were instrumental leaders in the early church and kept faith alive. They were among the earliest believers. Their bravery and devotion should inspire the women and men of the church today.

Rena Pederson
The Author of the book - 『The Lost Apostle: Junia』[1)]
Saturday April 5, 2014

---

1) Rena Pederson. *The Lost Apostle: Searching for the Truth About Junia*. San Francisco, CA: Jossey-Bass, 2006. - 추천인 레나 페더슨은 미국 워싱턴 디시Washington D. C에 거주하며 오랜 기간 「달라스의 아침Dallas Morning」이라는 잡지의 편집장으로 사역했었다. 현재도 다양한 방송활동과 문서출판사역을 통해 복음을 전파하는 여성 지도자이다. 필자는 본서를 탈고함에 있어 그녀의 책 『The Lost Apostle: Junia』로부터 많은 도움을 받았다. 그녀에 대한 추가정보는 다음을 참고하라. 〈www.renapederson.com〉

　김철웅 박사님이 '로마서 16장 7절'을 통해 사도 바울에게 사도 중에 뛰어난 여자로 칭찬을 받았던 유니아에 대한 책을 쓰신 것은 매우 놀랍고 기쁜 소식입니다. 유니아와 같은 용감한 믿음을 가진 여인의 이야기는 오늘날 이 세상의 새로운 기독교 세대들에게 꼭 읽혀지고 학습되어야 할 가치가 있습니다. 왜냐하면 유니아, 뵈뵈, 브리스길라, 막달라 마리아 그 외 더 많은 여인들은 초대교회의 살아있는 신앙을 위해 중요한 역할을 감당한 인도자들이었기 때문입니다. 그 여인들은 초기 기독교계의 신앙인들이었습니다. 그 여인들의 담대함과 헌신은 오늘날 남녀 기독교인들에게 영감을 주고 있습니다.

2014년 4월 5일 토요일
레나 페더슨
『잃어버린 사도: 유니아』의 저자

추천사 2

How exciting to learn that Pastor Chulwoong Kim shares my avid interest in the female Apostle Junia and has written an academic book about her. I believe that God has chosen Pastor Kim and me, along with some other writers, to make the story of this remarkable woman known around the world. This is especially important since much of the prejudice against women serving in leadership roles in the church, stems from the writings of the Apostle Paul. However, I believe that prejudice is refuted by Paul's commendation of Junia as an "apostle of note" in the early church (Romans 16:7) since many theologians and historians are convinced that Junia was, indeed, a woman. I applaud and appreciate Pastor Kim for his diligence in sharing his findings with the readers of this important addition to the literature.

Dr. Wanda Vassallo (D. Min)
Author of the novel, 『Junia: Woman Apostle-Only a Girl』[2]
Tuesday, April 8, 2014

---

[2] Wanda Vassallo, *Junia: Woman Apostle-Only a Girl*. Alachua, Florida: Bridge Logos, 2013. 추천인 완다 바셀로는 목회학 박사로서 현재 미국 텍사스 주 댈러스Dallas, Texas에 거주하며 약 150편이 넘는 기독교 에세이를 비롯하여 여러 종류의 기독교 신앙소설을 쓰고 있는 여류작가이다. 현재 그녀는 '성경 속 위대한 신앙의 여성들-Outstanding women leaders in the Bible'이라는 제목으로 계속해서 시리즈 소설을 쓰고 있는데, 『Junia: Woman Apostle-Only a Girl』는 그 시리즈 첫 번째 작품이다. 그녀에 대한 추가정보는 다음을 참고하라 〈www.wandavassallo.com〉

김철웅 목사님이 여자 사도 유니아를 향한 깊은 관심을 나와 함께 나누며, 동시에 그녀에 대한 학문적인 책을 쓰신 것을 알게 됨은 매우 놀라운 일입니다. 나는 하나님께서는 이 훌륭한 여인의 이야기를 온 세상에 전파하기 위하여 나와 김 목사님, 그리고 그 외 여러 다른 작가들을 선택하셨다고 믿습니다. 특별히 이러한 노력은 매우 중요합니다. 왜냐하면 교회 안에서 여성이 지도자로서 역할을 수행할 수 없다는 주장이 사도 바울로부터 나왔다는 선입견 때문입니다. 그러나 바울이 유니아를 사도 중에 뛰어난 사람으로 인정한 것을 볼 때(로마서 16장 7절) 그러한 선입관은 척결되어야 한다고 믿습니다. 왜냐하면 이미 많은 신학자들과 역사가들이 유니아가 정말 여자였음을 확신하고 있기 때문입니다. 나는 김 목사님의 열심에 찬사를 보내며 또한 그가 발견한 것을 책으로 출판하여 독자들에게 함께 나눌 수 있는 중요한 기회를 허락한 것에 깊은 감사를 드립니다.

2014년 4월 8일 화요일
완다 바셀로 (목회학 박사)
소설 『유니아-여자 사도』의 저자

추천사 3

『추적! 유니아는 여자 사도인가?』, 이 책은 우선 참신하며 매우 흥미롭다. 왜냐하면 그 동안 우리의 관심 밖에 있었던 보석 같은 한 여인의 새로운 발견을 제시하는 책이기 때문이다.

김철웅 목사님은 이 발견으로 여성 사역의 새로운 가능성을 전개하며, 여성 신학의 또 다른 목표점을 제시한다. 바울의 동역자, 그것도 바울보다 먼저 그리스도 안에 있었던 여인 '유니아'(롬 16:7)! 이 사실만으로도 성도들의 관심을 끌기에 충분하다. 그런데 '사도 유니아'라는 타이틀은 우리에게 더욱더 많은 묵상과 깊은 사색을 요청한다.

바야흐로, 우리 21세기는 여성을 주목하고 있다. 우리 한국교회는 그동안 여성의 눈물을 먹고 자라왔다. 그런데도 우리는 여성 리더십을 의도적으로 소외시켰다. 이 책은 이제 그런 여성을 리더십의 안목으로 새롭게 주목할 것을 요

구한다. 그리고 그들이 진정한 교회의 리더로 세워지는 날 우리는 새 시대의 여명을 보게 될 것이다.

 그런 의미에서 우리 모두 『추적! 유니아는 여자 사도인가?』의 여행을 떠날 것을 제안한다. 이 책으로 한국 교회가 한결 성숙할 기대를 갖는다. 좋은 책을 펴낸 김철웅 목사님의 노고를 다시 한 번 치하하며 한국 교회 리더들의 일독一讀을 권한다.

2009년 1월
이동원 목사 (지구촌 교회 원로)

추천사 4

21세기는 여성의 시대입니다. '유니아Junia'를 여성 사도로 높이 평가한 이 책은 저자가 치밀하게 신약학 분야에서 학문적으로 충분한 논의를 통해 놀라운 결론에 도달하고 있다는 점에서 학자들뿐만 아니라, 초기 교회의 여성 사역에 관심 있는 분들에게 일독一讀을 권하고 싶습니다.

김철웅 박사님의 논지는 분명합니다. 비록 로마서 16장 7절의 단 한 구절에 언급된 인물인 유니아이지만, 결코 간과될 수 없는 중요성을 지닌 구절이라는 사실에서 통찰력을 얻고 세밀하게 논지를 전개하여 교회에서 여성의 리더십이 꽃을 피워야 한다고 역설합니다.

이는 사실입니다. 현대 교회에서 여성이 차지하는 비중이 더욱더 커지고 있는데, 초기교회에는 이런 비중에 더 컸습니다. 예를 들면, 아그리피닐라 비문에는 당시 초기교회에서 교회를 건축하면서 헌금을 낸 분들의 명단에 대부분

여성들의 이름이 올라있고, 그 여성들의 직분이 오늘 한국교회에서는 찾아 볼 수 없는 중요한 직분들로 총망라되어 있을 정도입니다.

아무쪼록, 이 책이 널리 읽혀서 초기교회에서 중요한 역할을 하다가 오늘날은 잊힌 사도인 유니아를 새롭게 기억하여 여성 사역자들을 세우는 일에 귀한 보탬이 되기를 바랍니다.

2014년 2월 18일
소기천 목사 (장로회신학대학교 신약성서신학 교수)

추천사 5

현 포스트모던 사회의 특성 중 하나가 "정보주의 Informationalism"이다. 그래서 사람들은 특정한 동기나 이유 없이 그저 자신의 이익과 목적을 위해 필요한 정보를 무조건 수집한다. 그러나 우리의 많은 지식은 생명에 이르는 진정한 지식이 아니기에 가슴 아프고, 우리가 소유한 화려하고 좋은 것들은 진정 소유해야 할 참 진리가 아니기에 슬프다. 이렇듯 우리는 지식의 홍수 속에서 지혜의 가뭄을 매일 경험하는 역설적이며 비논리적인 현실 속에 살고 있다.

이런 관점에서 볼 때, 그 동안 망각의 흙더미 속에 묻혀 있던 성경 속 한 여성 사역자를 소개하는 김철웅 박사님의 연구는 우리에게 신선한 도전이다. 초대교회 사도 바울의 은밀한 동역자였던 '유니아'(롬 16:7)에 대한 흥미 있는 연구는 많은 기독여성들에게 신선한 희망과 도전을 줄 것이다. 우리는 마음을 열고 그가 외치는 음성에 귀를 기울일 필요가 있다. 왜냐하면 이것은 수많은 무가치한 정보 속에 담겨지는 또 다른 정보가 아닌, 누군가는 꼭 남겨야 할 섬김의 발자취를 추적해가는 의미 있는 외침이기 때문이다.

　개인적으로 사춘기 딸을 둔 아빠로서, 비록 성서 속에 짧게 나와 있지만 절대로 외면할 수 없는 한 여자 유니아의 모습을 통해, 앞으로 한국교회와 세대를 개혁할 참신한 내일의 유니아를 꿈꿔본다. 유니아를 통해 우리 기억에 또 다른 조각의 "정보Information"가 아닌 진정 새로운 사역과 초청의 창을 활짝 열리는 계기를 기대해본다.

　성경의 깊고 넓은 품 안에 감추어졌던 새로운 여성 유니아를 소개하는 김철웅 박사님의 놀라운 창작력에 아낌없는 격려를 보내고, 기독 여성들을 위한 그의 솔직하고도 용기 있는 제안에 감사하며 감히 이 책을 적극 추천한다. 아무쪼록, 이 책이 장차 많은 내일의 기독 여성 지도자들 세우는 작업에 작은 밑거름이 되기를 간절히 기도한다.

2009년 1월
흰 눈 쌓인 피츠버그 언덕을 바라보며
Prof. Timothy Son (Ed. D)
(미국 Pittsburgh Theological Seminary)

시작하는 말

1. 이 책은 어떤 책인가? (what)

　　필자筆者는 현재 이 책의 '시작하는 말'을 읽고 있는 독자讀者에게 말한다. 필자는 당신이 남자인지 여자인지 모른다. 당신이 어떻게 이 책을 손에 잡게 되었는지도 모른다. 또 하필이면 왜 이러한 때에 당신이 이 책의 시작하는 말을 읽게 되었는지에 대해서도 전혀 아는바 없다. 한마디로 필자는 당신에 대하여 아는 것이 하나도 없다. 그러나 필자는 감히 당신에게 깊은 관심을 가지고 다음과 같은 질문을 던지고 싶다.

　　"당신은 현재 기독교 여성사역에 깊은 관심을 가지고 있는가?"

"당신은 오늘날 기독교 여성사역의 성경적 모델model을 찾고 있는가?"

"당신은 21세기 기독교 여성사역자로서 쓰임 받고 싶은가?"

만약 그렇다면! 만약 당신이 이와 같은 질문에 고개를 끄덕인다면! 당신은 반드시 이 책을 읽어야 한다. 이 책은 당신을 위한 책이다. 하나님께서는 당신을 위하여 이 책을 허락하셨다. 하나님께서는 이 책을 통하여 당신의 필요에 가장 합당한 응답을 주실 것이다. 이 책은 당신의 고정관념을 깨뜨릴 것이며, 이 책은 당신을 전인적으로 변화시킬 것이다. 이 책은 당신으로 하여금 진정한 기독여성으로서 헌신할 수 있는 성경적 모델을 찾는 데 도움을 줄 것이다. 더 나아가, 이 책은 당신을 21세기에 쓰임 받는 새로운 여성 지도자로서 거듭나게 할 것이다. 물론 이것은 여성만을 위한 말이 아니다. 남성에게도 마찬가지이다. 만약 당신이 남성이라면 당신은 이 책 속에서 오늘날 올바른 기독여성사역을 위한 새로운 성경적 증거와 사례를 확인하게 될 것이다.

바로 이것을 위해 하나님께서는 현재 당신으로 하여금 이 책의 시작하는 말을 읽도록 허락하셨다. 물론 이것이 당신에게는 우연처럼 느껴질지도 모른다. 그러나 꼭 기억하라! 하나님께서는 특별한 때 우연偶然처럼 보이는 필연必然을 통하여 역사하신다. 하나님께서는 당신을 위해 이 순간을

시작하는 말 17

이미 태초 이전부터 작정해 놓으셨다. 하나님께서 이 책을 통하여 반드시 당신에게 말씀하실 것이다. 당신에겐 우연이고 갑자기이지만, 하나님께선 만세萬世 전에 이미 예정하신 일이다.

하나님께서는 이 책을 통하여 성경 속의 한 인물을 당신에게 소개할 것이다. 그 인물은 하나님께 선택받아 쓰임 받은 주후 1세기의 당당한 '사도(師徒, apostle)'이다. 그런데 그냥 평범한 사도가 아니다. 왜냐하면 그 인물은 여자이기 때문이다. 다시 말하자면 '여자 사도'라는 말이다. 그것도 정정당당히 그 이름이 신약성경에 기록된, 그것도 사도 바울의 편지 속에 기록된 여자 사도이다. 더욱더 놀라운 것은 주후 1세기 로마 교회 설립에 한 몫을 담당했을 가능성이 짙은 여자 사도라는 것이다. 여기까지 왔다면, 당신은 그 여자의 이름이 궁금해질 것이다.

그녀의 이름은 바로 **'유니아(Junia, 롬 16:7)'** 이다.

물론 유니아의 이름은 신약성경에 단 한 번 나타난다. 그것도 단 한절의 말씀 속에 등장한다. 바로 사도 바울이 로마 교회에 보낸 편지인「로마서」의 맨 뒷부분 16장에 단 한 번 언급된다. 때문에, 불행히도 그 동안 유니아의 이름과 존재는 소외되어 왔고, 숨겨져 왔으며, 알려지지 않았고, 심지어 억울하게 왜곡歪曲되어 왔다.

그 결과로 많은 기독교인이 유니아에 대하여 잘 모르고 있다. 좀 더 솔직히 말하면, 그 이름이 성경 속에 있는지 그 사실 여부조차도 잘 모른다. 그런데 더욱더 놀랍고 충격적인 사실이 있다. 흔히 성경 속 여성인물을 연구하며 여성사역을 주장하는 사람들 중에도 그녀의 이름을 잘 모르고 아예 처음 듣는 사람이 있다는 것이다. 이 사실은 그야말로 충격 그 자체이다! 그 대표적인 사례가 미국의 방송인이자 여성 지도자인 레나 페더슨의 경우다. 여성 사역자인 그녀는 유니아를 처음 발견하게 된 순간을 다음과 같이 묘사했다.

> 그녀의 이름은 놀랍게 다가왔다. ……내가 어느 한 북클럽에서 성경 속 여성에 대해 강연할 때였다. 강연을 듣던 사람들 중 한 여자가 손을 들고 성경 속에 우리가 꼭 사도로 기억해야 하지만 잘 알려지지 않은 유니아라는 여자가 있음을 말했다. "유니아?" 나는 그 이름을 결코 이전에 들어본 적이 없었다. 그 때 그 북클럽에 있던 다른 사람들도 마찬가지였다. 그 여자는 계속해서 말했다. "로마서에 있어요. 바울은 그녀를 사도들 중에 아주 뛰어난 사도라고 칭찬했지요. 그러나 성경번역자들은 여자 사도는 있을 수 없다고 판단하고 그 이름을 남자이름으로 바꾸었어요. 그러나 그녀는 여자입니다." 나는 어안이 벙벙했고 당황했다. 나는 오랫동안 성경 속 여성에 대해 공부해왔었고 그 결과를 『무엇을 잃어버렸는가? What's Missing』라는 제목으로 책까지 출판했었다. 그런데 그 과정에서 나는 유니아라는 이름

은 찾지 못했다. 유니아야말로 『무엇을 잃어버렸는가?』라는 내 책 속에서 잃어버린What's missing 여자였다. 이 얼마나 역설적인 일인가?……대체 유니아는 누구인가? 그녀는 정말 사도였는가? [1]

　물론 필자도 예외는 아니다. 필자 또한 처음 유니아라는 이름을 듣고 알게 된 때를 똑똑히 기억한다. 그리고 그 때의 충격을 잊지 못하고 있다. 그 때는 필자가 미국에서 학위과정을 마칠 때 즈음이었다. 그 당시 필자는 바울의 13개 서신을 쓰인 순서대로 통독하는 방법을 담은 책을 집필 중이었다.[2] 그 때 필자는 로마서 16장을 묵상하면서 로마서 16장에 수록된 여러 인물들을 하나씩 조사하는 과정에 있었다. 그래서 그 당시 학교 도서관에서 로마서 16장과 관련된 영문서적은 거의 다 대출貸出해서 봤던 기억이 있다. 바로 그 때 아주 갑작스럽게 유니아의 존재가 나의 눈에 들어온 것이다. 그 순간은 한 마디로 충격이자 놀라움이었고, 기쁨이자 환희였다. 필자 또한 모태母胎신앙으로 4대째 신앙의 집안에 목사의 아들로 자라난 개신교 목사였다. 나름대로 성경의 인물에 대해 잘 알고 있다고 자부하던 사람이었다. 그

---

[1] Rena Pederson, *The Lost Apostle: Searching for the Truth About Junia* (San Francisco, CA: Jossey-Bass, 2006), 1.
[2] 이 책은 사도 바울의 13개 서신을 성경에 '수록된 순서'가 아닌 바울이 쓴 순서대로, 즉 서신이 '쓰인 순서대로chronicle' 묵상하고 통독함으로 사도 바울이 보여준 신앙의 성숙도를 추적하는 방법과 그 결과에 대해 적은 책이다. 참고하라. 김철웅. 『추적! 사도 바울의 16년』. 서울: 쿰란출판사, 2007.

리고 그 때는 성경 속에 숨겨진 사람들, 그러나 우리가 꼭 알아야 할 소외된 인물들에 대해 깊은 관심을 두고 연구할 때였다. 그러나 유니아에 대해서는 전혀 모르고 있었다. 그러니 유니아의 갑작스런 등장은 당연히 필자에게도 그야말로 큰 신선한 충격일 수밖에 없었다.

그래서 그 뒤부터 필자는 유니아를 추적했다. 그리고 그 추적과정을 통해 그 동안 그녀가 얼마나 소외를 받아왔으며 억울하게 왜곡되어 왔는지, 그리고 기독교 역사를 통해 얼마나 부당한 대우를 받아왔는지 알게 되었다. 그 결과 갑자기 그녀를 변호하고 싶은 정의감이 생겼다. 그래서 필자는 이제 이 책을 통하여 유니아의 존재를 솔직히 밝히고 그녀를 세상에 내놓으려 한다. 그리고 하나님께서 과거 주후 1세기 유니아에게 허락하셨던 본래의 거룩한 자리를 다시금 회복시켜 주려 한다. 그렇게 함으로써, 유니아로 하여금 '로마서 16장에 숨겨진 여자 사도'로서의 확실한 위치를 되찾게 하고 싶다. 동시에 유니아가 21세기 기독교 여성사역의 성경적 모델로서 우리 앞에 자리매김 되도록 인도하고 싶다.

바로 여기에 필자가 이 책을 쓰게 된 결정적 이유가 있다. 따라서 이 책의 목적을 한 단락으로 정리한다면 다음과 같이 될 수 있다.

이 책의 목적은 첫째, 신약성경 로마서 16장 7절에 숨겨져 있는 유니아라는 여자의 본 모습을 소개하고, 둘째, 그녀가 주후 1세기 로마 교회 설립에 한 몫을 감당한 '여자 사도'였을 가능성을 입증하며, 셋째, 그녀를 오늘날 21세기의 기독교 여성 사역에 또 하나의 성경적 모델로 제시하는 데 있다.

이제 필자는 현재 시작하는 말을 읽고 있는 독자에게 다시 묻는다.

당신은 유니아라는 이름을 처음 듣는가?
당신은 유니아라는 이름이 성경 속에 있는지 몰랐는가?
당신은 유니아가 여자인지 몰랐는가?
당신은 유니아가 사도 바울도 정식으로 인정한 여자 사도인지 몰랐는가?
당신은 유니아가 로마 교회를 설립하는 데 한 몫을 감당한 사람인지 몰랐는가?
당신은 유니아가 21세기 기독교 여성 지도자들의 성경적 증거가 됨을 몰랐는가?

만약 그렇다면, 당신은 이 책을 꼭 읽어야 한다! 이 책은 당신을 위한 책이다! 이 책은 당신의 깊은 사랑과 관심을 기다리고 있다! 당신 또한 이 책의 내용에 깊은 매력을 느끼고 있다! 벌써 당신이 이 책의 시작하는 말을 여기까지 읽게 되었다는 그 사실 자체가 그 모든 것을 증명하고 있다! 이 모든 것을 이루시기 위하여 하나님께선 지금 이 시간 당신만이 아는 특별한 기회를 통하여 본서의 시작하는 말을 여기까지 읽게 하신 것이다!

2. 왜 추적인가? (why)

이제 여기까지 읽은 당신은 아마 필자에게 다음과 같은 질문을 할 가능성이 있다. "그런데, 왜 하필이면 책 제목 머리에 '추적'이라는 표현을 썼는가?" 대답한다. 필자에겐 꼭 그렇게 해야만 할, 그만한 이유가 있었다.

지금 되돌아보니, 필자가 이 책을 탈고脫稿할 때까지의 그 모든 집필기간은 오로지 유니아만을 바라보고 달려온 끈질긴 추적의 시간들이었다. 동시에 그 기간 동안 주변 사람들에게 비춰진 필자의 모습은 그야말로 유니아를 되찾기 위해 주변의 모든 흩어진 정보를 샅샅이 뒤져 끝까지 따라가 찾아내고 정리한 뒤 적용하는 외로운 주석자의 모습이었다. 그것은 마치 미해결未解決 사건을 풀 수 있는 결정적 숨은 목격자를 찾기 위해 끈질기게 그 숨은 목격자를 찾아 헤매는 고독한 형사나 탐정의 모습과 흡사했다. 그렇게 형사나 탐정의 모습으로 비교될 수 있었던 그 추적자의 목적은 오로지 하나였다. '로마서 16장 7절'이라는 오래되고 소외된 미로迷路! 그러나 매우 깊고 심오한 미로! 그 미로 속에 오랫동안 묻혀 있던 유니아의 존재를 어두운 미로 밖으로 탈출

시커 광명한 태양 빛을 보게 하는 것이었다.

　물론 이러한 추적자의 모습은 필자만의 것이 아니다. 이미 이전에 유니아의 여자 사도성을 주장하던 모든 사람들은 필자와 동일하게 이런 외로운 추적자의 모습을 경험했었다. 이미 앞에 소개했던 레나 페더슨도 예외는 아니다. 그래서 그녀의 말을 다시 한 번 인용해 본다.

> 유니아의 경우는 매우 다루기 힘든 문제다. 왜냐하면, 아주 오래 전부터 전해진 기독교 고대 문서 외에 오늘날 실제적인 증거가 없기 때문이다. 이것은 마치 (『빨강머리 연맹The Red Headed League』이라는 추리소설에서-필자 주) 명탐정 셜록 홈즈Sherlock Holmes가 말했듯이, 문제해결을 위해 파이프 담배를 세 대나 피울 정도의 긴 시간이 필요할 만큼 복잡한 문제다(this was a "three-pipe problem"). 그러나 최소한의 단서라도 사용해서 우리가 찾을 수 있는 한 최대한의 노력을 다해 진실을 밝혀낼 가치는 충분히 있다. 만약 유니아가 정말 용감하고 신실한 사도였다면, 오늘날의 여신도들은 더욱 더 그녀에 대해 알아야 한다. 물론 남자도 마찬가지다. 지금까지도 그녀의 이야기가 신학계에서 매우 수수께끼였던 만큼, 나는 탐정처럼 다음과 같이 질문하며 시작하려 한다. 그녀는 언제 마지막으로 목격되었는가? ……어떤 삶이 그녀를 그곳까지 이끌었는가? ……왜 조직교회에서는 유니아와 같은 여자의 역할을 인정하지 않았는가?[3]

---

3) Rena Pederson, *The Lost Apostle: Searching for the Truth About Junia*, 4.

> 비록 유니아의 사도성을 입증하기 위한 증거는 매우 빈약지만…… 그 미약한 증거들이 아직도 남아있다는 것은 그야말로 기적과 같은 것이다. 우리에게 유니아를 추적할 수 있는 정보가 남아있다는 것은 매우 흥미로운 일이다. …… 이 모든 과정은 정말 하나의 추리소설을 쓰는 것과 같다. 우리는 여성의 관점이 아닌 진실의 관점original view에서 기독교의 역사를 새로 쓰는 것이다. ……유니아는 여성들이 다시 한 번 교회의 지도자로서 칭찬을 받게 될 미래back to the future로 우리를 인도할 것이다.[4]

아마도 이보다 더 확실히 필자의 마음을 대변代辯한 인용문은 없으리라 생각한다. 필자 또한 이와 동일한 동기부여와 질문에서 추적을 시작했고, 오늘에서야 그 '추적여행'의 결과를 이 책에 담게 된 것이다. 따라서 지금 여러분들 손에 들려있는 이 작은 책은 그 모든 추적여행의 작은 결과물인 셈이다. 바로 여기에 필자가 이 책의 첫 머리에 '추적'이라는 단어를 사용하게 된 결정적 이유가 있다.

이제 그 추적여행에 여러분 모두를 초대한다! 이제부터 필자와 함께 우리가 잃어버렸던 유니아를 되찾으러 떠나자!

3. 이 책은 어떻게 쓰였는가? (how)

이 책은 총 8장으로 구성되어 있다. 그러나 이 각각의 8장을 또 다시 세 가지 큰 주제로 다시 묶을 수 있다.

---

[4] Ibid., 24.

① 1장: 여인천하, ② 2장–4장: 로마서, ③ 5–8장: 유니아

① 1장: 여인천하에서는 오늘날 21세기 여성들의 위치를 추적하며 그것을 교회의 상황에 적용시켜 보았다.
② 2장: 로마서에서는 바울이 쓴 로마서의 기록목적을 분석해 보고, 특별히 로마서 16장을 중심으로 그 당시 바울이 가졌던 여성관과 여성과의 실제적 관계를 추적했고, 더 나아가 주후 1세기에 활동했던 기독교 여성 사역자들에 대해 추적하였다.
③ 3장: 유니아에서는 본격적으로 이 책의 주인공인 유니아에 대해 특별히 누가who, 왜why, 무엇을what, 어디서where, 어떻게how라는 다섯 개의 구조 속에서 추적하였다.

물론 각각의 장들은 서로 따로 떨어져 독립적으로 읽어도 될 만큼 각 주제에 충실하다. 그러나 동시에 그들 모두는 서로 긴밀한 관계성을 지니고 있다.

사실상, 유니아의 여자 사도성 문제는 아직도 논란이 많은 주제이다. 그래서 이것을 인정하지 않고 부정하는 사람들은 지금도 여전히 존재하며, 아마 앞으로도 계속해서 존재할 것이다. 그러나 이러한 논쟁 속에서 필자는 감히 유니아가 주후 1세기 사도 바울이 인정한 여자 사도일 수 있음을 강조하려 한다. 때문에 이를 위해 필자는 최선을 다해 유

니아와 관련된 많은 정보들을 책 하단에 각주footnote형태로 매우 충실히 인용해 놓았다. 왜냐하면 이러한 민감한 주제를 다루면서 객관적인 자료나 합리적인 사료史料와 검증된 사례 없이 그저 단순히 필자의 개인적 의견과 맹목적인 주장, 또는 근거 없는 추측, 더 나아가 광신적 신앙 등에 의존하여 글을 쓰게 된다면, 그 글은 하나의 '휴지조각'에 불과하기 때문이다.[5]

따라서 필자는 이 책을 집필함에 있어 나름대로 위의 학문적 원칙에 충실하려고 노력했다. 특별히 특정문단을 인용할 경우, 국내문헌은 쓰인 문장 그대로를 옮겼으며, 해외문헌의 경우 필자가 직접 번역해서 옮겨 적었다. 또한 인용문 중 독자의 이해를 돕기 위해 필자가 특별히 추가필기加筆를 더 한 곳에는 "(-필자 주)"라는 표시를 남겨 독자가 구분할 수 있도록 했다. 혹시나 추후 해외문헌의 번역결과에 있어 불만족스런 점이 보인다면, 그것은 모두 다 필자의 부족한 탓으로 돌리겠다. 일단 필자가 달아놓은 자세한 각주는 유니아의 사도성을 주장하는 사람이 필자 혼자만은 아니라는 것을 확실히 보여줄 것이며, 더 나아가 앞으로 유니아의 사도성을 입증하는 데 가장 확실한 증거자료로 남게 될 것이다. 물론 그 모든 문헌 정보는 필자가 그동안 세심한 관심을 가지고 모아둔 최상의 자료들이 총망라된 결정체이다. 당연

---

5) 한숭홍, 『표준논문작성법』개정증보판 (서울: 장로회신학대학교출판부, 1997), 24~25쪽.

히 그 모든 참고문헌과 각주 하나하나 속에는 추운 겨울 살을 에는 듯한 추위를 이겨낸 필자의 각고지력刻苦之力과 통합지력統合之力이 응고凝固되어 있음은 두말할 필요 없다. 그야말로 필자의 호흡 그 자체이며 귀한 학문적 재산인 셈이다. 이 모든 것은 위에 설명한 학문적 원칙을 따르려 한 것이며, 이 분야에 많은 관심을 가지고 있는 후학後學들을 위한 것이다. 부디 관심 있는 신학도神學徒들과 후학들에게 귀한 자료로 남기를 간절히 바란다.[6] 동시에 매번의 주요항목 속에 남겨 놓은 필자의 개인적 주장과 해석은 독자들이 무조건적으로 따라올 필요는 없으나 충분히 참고할 필요는 있다고 본다. 따라서 필자는 앞으로 이 책 내용에 대한 다른 의견들과 질문들이 더 생겨나길 바라며, 더 나아가 유니아에 대한 보다 깊이 있는 건전한 주장들도 많이 일어나기를 소망한다. 그래서 미래에 이 부분에 있어 보다 더 가치 있는 연구결과물들이 계속 생산되기를 간절히 기대한다.

그럼에도 한 가지 아쉬운 점은 있다. 이렇게 유니아에 대한 정확하고 검증된 자료를 각주로 충실하게 표기하다보니, 불가피하게 책의 전반적인 필체와 구조가 약간은 딱딱한 학문적인 분위기로 흐르게 되었다. 그러나 그것은 오늘날까지도 논쟁의 중심에 서 있는 유니아를 다루기 위해 필자가 선

---

6) 이 책에 수록된 각주형태와 인용방법에 대한 원칙은 〈Turabian, Kate L. *A Manual for Writers of Term Papers, Theses, and Dissertation*. 5th ed. Revised and Expanded by Bonnie Birtwistle Honigsblum. Chicago, Ill: University of Chicago Press, 1987〉을 참고했다.

택한 어쩔 수 없는 고육지책苦肉之策이었다. 따라서 본서는 어떤 경우 읽기에 약간 어려워 보일 수 있다. 하지만 하나님의 말씀을 사모하고 말씀 속에 숨겨진 하나님의 진리와 계시의 음성을 충실히 따르는 독자라면, 이러한 학문적인 분위기 속에서도 매 문장에 숨겨진 평범하고 보편적인 참 진리의 뜻을 충분히 발견할 수 있으리라 생각한다. 그래서 무척 쉽게 쓰려 노력했다. 물론 이 책의 내용을 독자들이 보다 편하고 친숙하게 접근할 수 있도록 다듬어 주는 일은 아무래도 추후 별도의 작업과정이 될 것이다. 아마 그 과정은 필자나 또는 이 책을 읽고 새로운 집필동기를 허락받은 후학에 의해 이루어지리라 생각한다.

4. 이 책은 누구의 도움으로 쓰였는가? (who)

지난 2007년 6월, 한국의 기독교 월간잡지「신앙세계」에 '여자 사도 유니아'에 대한 필자의 짧은 글이 실린 때가 있었다.[7] 그 짧은 글은 내략 7년의 긴 세월이 흐른 현재에 와서 드디어 한 권의 작은 책으로 증보되어 출판되었다. 그 때의 짧은 글이 오늘처럼 한 권의 책으로 출판될 때까지 도움을 주신 분들이 많다. 그래서 필자는 이제「로마서」를 마무리 하며 로마서 16장을 통해 많은 사람들에게 문안했던 사도 바울의 모습을 본받아 그 분들의 이름을 하나씩 올리며

---

7) 김철웅. "유니아(Junia) 21C 한국교회 여성 지도자의 숨겨진 성서적 모델."『월간 신앙세계』. 통권 467호 (2007, 6): 42-44쪽.

감사의 뜻을 전하려 한다.

　어려운 목회활동 속에서도 평생 아들에게 목회자로서의 신실함을 보여주신 사랑하는 부모님(김광영 목사, 최영옥 사모)과 존경하는 장인, 장모님(성선복 목사, 서지희 사모)님께 감사드린다. 또한 항상 저를 믿어주시는 대구의 큰 아버님 김광은 장로님 댁 가정과 모든 형제자매들에게 감사한다. 특별히 지난 2001년, 처음 미국에 혼자 와서 마치 부모 잃은 아이같이 헤매는 필자에게 평생 잊을 수 없는 따뜻한 가족의 사랑을 베풀어주고 보살펴주신 시카고Chicago, IL의 故 최형선 장로님(김광애 권사님) 가정에도 깊은 감사의 말씀을 드린다. 필자가 박사과정을 공부하는 동안 오래 머물렀던 미국 인디애나 포트웨인Fort Wayne, IN의 안우진 목사님, 정종아 사모님, 그리고 모든 성도님들, 필자가 공부한 컨콜디아Concordia 신학교의 모든 루터교 공동체들에게 감사한다. 귀한 추천서를 써주신 이동원 목사님(지구촌 교회)과 소기천 교수님(장로회 신학대학교), 손디모데 교수님(피츠버그 신학교), 레나 페더슨, 완다 바셀로께도 감사를 드리며, 미국 뉴저지 초대교회를 통해 처음 목회의 길을 열어주셨던 온누리 교회 이재훈 담임 목사님(이정선 사모님)과 한국에서 좋은 목회의 배움터를 허락하신 영락교회 이철신 담임 목사님에게도 깊은 감사의 뜻을 전한다.

　그리고 필자의 원고출판을 기꺼이 허락하시고 여기까지 도와주신 도서출판 예솔의 대표 김재선 장로님과 모든 임직

원 및 채윤성 목사님에게 깊은 감사의 말씀을 드린다. 만약 이분들의 관심과 수고가 없었다면, 이 책을 출판할 수 없었을 것이다. 덕분에 이미 지난 2009년에 원고가 완성되었으나 안타깝게도 출판사를 만나지 못해 세상에 빛을 보지 못했던 어둠 속의 유니아는 수년의 세월이 흐른 올해 2014년에 와서야 도서출판 예술을 통해 오늘과 같이 한 권의 책으로 잉태되어 세상의 밝은 빛을 보게 되었다.

무엇보다도, 사랑하는 나의 아내 성주경에게 감사의 뜻을 전한다. 꽃다운 어린 나이에 목사와 결혼하여 여러 가지 어려운 여건 속에서도 지금까지 변함없는 사랑으로 항상 필자 옆에 있어주는 아내의 사랑에 깊이 감사하며, 아울러 이번에도 변함없이 필자의 다섯 번째 책을 위해 다섯 번째 책 표지 디자인을 맡아 정성껏 완성해 준 아내의 성실한 노고 勞苦에 깊이 감사한다.

마지막으로, 바쁜 교회 목회사역과 신학교의 강의일정 속에서도 시간을 쏘개어 문필 文筆과 집필 執筆에 선념할 수 있도록 필자에게 지치지 않는 창작의욕과 끊임없는 출판에의 불타는 열정을 허락해 주신 전지전능하신 은혜의 하나님께 가장 깊은 감사와 영광을 올려드린다.

모든 존귀와 영광을 하나님께! "Soli Deo Gloria!"

주후 2014년 5월
서울 영락교회 목회 사무실에서

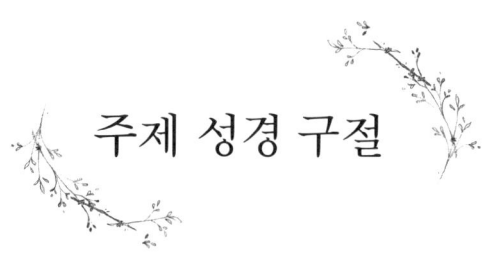

주제 성경 구절

내 친척이요 나와 함께 갇혔던 안드로니고와 유니아에게 문안하라. 그들은 사도들에게 존중히 여겨지고 또한 나보다 먼저 그리스도 안에 있는 자라 (롬 16:7 / 개역개정)

나의 친척이며 나와 함께 감옥에 갇혔던 안드로니고와 유니아에게 문안해 주십시오. 그들은 사도들 가운데서도 뛰어난 사람들이며 나보다 먼저 그리스도인이 된 사람들입니다. (롬 16:7 / 현대인의 성경)

ἀσπάσασθε Ἀνδρόνικον καὶ Ἰουνιᾶν τοὺς συγγενεῖς μου καὶ συναιχμαλώτους μου, οἵτινές εἰσιν ἐπίσημοι ἐν τοῖς ἀποστόλοις, οἳ καὶ πρὸ ἐμοῦ γέγοναν ἐν Χριστῷ. 〈Greek New Testament: Byzantine /Majority Text (2000)〉

Greet Andronicus and Junia, my relatives who were in prison with me; they are prominent among the apostles, and they were in Christ before I was. (Rom 16:7 / New Revised Standard Version)

제1장
21세기! 여인천하의 세기!

21세기! '여인천하'의 시대가 달려온다!

    필자가 읽었던 한국역사소설 중에 월탄月灘 박종화(朴鍾和, 1901-1981)씨가 쓴 『여인천하女人天下』라는 작품이 있었다.[1] 이 소설은 어릴 때부터 역사소설을 즐겨 읽었던 필자에게 신선한 충격을 던져준 작품 중 하나이다. 물론 거기에는 그만한 이유가 있었다. 일반적으로 고대역사소설은 남자들 중심의 군웅할거群雄割據를 이야기한다. 그런데 이 소설은 이상하게도 여자들의 활약을 중심으로 한 작품이었기 때문이다. 한 마디로 조선왕조 시대 중종을 둘러싸고 벌어

---

1) 朴鍾和, 『女人天下』. 서울: 범우사, 1970.

지는 그 주변 후궁들의 날카로운 음모와 암투를 철저한 사료史料와 검증을 거쳐 아주 실감 있게 그려낸 작품이었다. 특별히 지난 2001년 봄에 한국의 모某 방송국에서 이 소설을 근본으로 한 역사드라마가 방영되어 화제가 되기도 했었다. 그 드라마 제목도 책 제목 그대로 '여인천하'였다.

그때 필자는 이런 생각을 해 보았다. "이 책이 처음 출판된 것은 1958년도였다. 그런데 왜 40년이란 오랜 세월이 흐른 2001년도에 이 책의 주제가 드라마로 방영될 만큼 인기를 끌게 되었을까?" 필자 나름대로 내린 결론은 다음과 같다. 그것은 "시대의 흐름과 분위기를 반영한 사회문화적 반응"이었다. 모름지기 TV 드라마를 보면, 그 시대상을 어느 정도 파악할 수 있는 법이다. 따라서 현 시대가 '여인천하'의 시대가 되었으니, 오래전에 쓰였던 『여인천하』의 이야기가 현 시대상을 반영하여 그때서야 드라마로 방영된 것이다.

21세기! 그 세기는 여인천하의 세기가 되거나, 아니면 이미 여인천하의 세기가 되어 있는 세기다. 그래서 이러한 시대적 문화변동에 민감한 TV 드라마 관계자들이 그 시대를 반영한 사회문화적 반응으로 '여인천하'라는 제목으로 드라마를 만든 것이었다. 그야말로 여성이 달려오는 21세기를 드라마로 예언한 것이다. 그리고 그 예언은 현재 현실이 되어 가고 있는 듯하며, 이미 현실이 된 듯하다.

21세기, 여성들이 달려온다!

마치 그 드라마의 상황을 그대로 증명이라도 하듯이, 21세기에 들어오면서 여성들의 사회참여는 이제 더 이상 특별한 일이 아닐 정도로 일반화되었다. 정치, 사회, 문화, 경제, 스포츠, 영상을 비롯한 모든 분야에서 여성들의 활약이 돋보이고 있다. 이러한 현실을 반영한 여성신학자 김호경 박사의 말을 들어본다.

> 어떤 이들은 여자가 꿈을 펴기 어려운 시절이라는 현실인식에 동의하지 않을 것이다. 학교에서도 여학생들의 우수성이 남학생들을 압도하고, 각종 시험에서 여자들이 두각을 나타내며, 더는 최초의 여자를 필요로 하지 않을 만큼 여자들에게 닫힌 것은 없기 때문이다. 그래서 요즈음은 잘난 여자들에게 치일 남자들의 미래를 걱정하는 '위기의 소년론/남자론'이 고개를 내밀고 있는 실정이다.[2]

물론, 이러한 현상은 종교계에서도 마찬가지다. 종교계도 여성들이 중심이 되어 움직이고 있다. 한 가지 충격적인 사실은 이러한 흐름이 이미 우리가 흔히 "이단-사이비"라 부르는 단체에서 벌써 시작되었다는 점이다.

국내 주요 이단들이 최근 '여성 리더십'을 선호하는 것으로 나타나고 있다. 통일교, 신천지, 하나님의 교회, JMS 등

---
2) 김호경, 『여자, 성서 밖으로 나오다』 (서울: 대한기독교서회, 2006), 6쪽.

의 단체에서 근래 들어 여성이 실세로 부각하며 '여성 시대'를 열고 있다. 심지어는 관리자의 위치를 넘어 메시아로까지 추앙돼 눈길을 끈다. 통일교는 문선명 교수 사후……부인 한학자 씨 체제로 들어갔다.……신천지는……김남희 씨……하나님의 교회는 익히 알려진 대로 자칭 "어머니 하나님" 장길자 씨가 메시아로 나선지 오래다. 정명석 교주의 구속 이후에도 JMS도 한 여성이 관리자로 활동하고 있다.……이러한 현상을 두고 탁지일 교수(부산장신대)는 ……이단들이 근래 페미니즘을 강조하고 있다며 ……총회 이단-사이비 대책위원회(위원장: 최기학)는 ……이 단체에 대한 경계심을 갖출 것을 공지했다.[3]

이러한 경향에 비추어 21세기에 들어선 우리 한국교회 또한 급속한 시대의 변화와 요구에 따라 다양한 목회쇄신과 개혁이 이루어지고 있다. 그 중에 하나가 바로 여성 지도자의 발굴 및 재교육과 여자 성도들의 교회 참여이다. 이러한 움직임을 향한 긍정적이며 부정적인 논란과 비판을 뒤로 제쳐놓더라도, 이것은 이미 한국교회 속에 구체화된 하나의 현상이 되어버렸다. 그리고 이러한 현상은 이 시대에 꼭 필요한 움직임이라 생각한다. 왜냐하면 이젠 이단-사이비 단체까지 여성들을 중심에 세우고 사역하고 있는데, 이런 상황에서 기성교회들이 그들을 제어하고 그들로부터 건실한

---

3) 신동하, "이단도 여성시대," 『基督公報』. 제2905호 (2013. 7.6): 1면.

교회의 성도들을 보호하기 위해서라도 이러한 움직임은 꼭 필요한 과정이기 때문이다. 그러므로 오늘날 교회 안에서 여성 지도자 교육과 여성사역의 활성화는 꼭 필요할 뿐만 아니라 절대로 무시할 수 없는 사역이다.

그래서 이미 특정 교단에서는 여성 목사, 여성 장로라는 칭호가 전혀 낯설지 않은 상황이 되었다. 만약 이러한 상태로 계속 간다면, 앞으로 여성 총회장, 여성 노회장, 여성 시찰장, 여성 당회장과 같은 호칭도 전혀 어색하지 않은 때가 올 것이 분명하다. 그리고 이미 그 때가 시작되었다. 심지어 일부 공동체에서는 여성만을 위한 총회와 노회가 생겨 여성만을 안수하는 독립적인 여성교단이 생길 정도이다.[4] 한 예로, 필자가 목사 안수를 받은 대한예수교장로회(통합)의 경우 이미 지난 1994년에 여성안수를 합법화하고 정식으로 통과시켰다. 물론 이러한 결과를 맞을 때까지 이를 지지하기 위한 전문가들의 논문과 주장이 지속적으로 쏟아져 나와야만 했다.[5] 그리고 이후부터 여성신학과 사역에 대한 학술 모임이 활발해지기 시작했다.[6]

---

[4] 이성희, 『미래목회 대예언』(서울: 규장출판사, 1998), 357쪽.

[5] 오성춘, 임창복, 황화자, 김중은 편.『교역과 여성안수』. 서울: 장신대출판부, 1992.

[6] 한국기독교학회 엮음.『여성신학과 한국교회』. 서울: 한국신학연구소, 1997.

21세기, 유니아가 달려온다!

그렇다면 21세기의 한국교회는 앞으로 점점 구체화될 여자 성도들의 교회 참여를 어떻게 긍정적으로 바라봐야 할까? 꼭 여성안수의 문제가 아니더라도, 이때까지 수많은 여성사역자들의 피와 땀과 눈물을 머금고 자라난 한국교회가 이러한 여성참여에 대하여 어떤 가치관을 가지고 적용해 나가야할까? 그리고 이러한 21세기의 현장을 살아나가고 있는 우리 한국교회의 여성 기독교인들은 어떤 자세와 어떤 가치관을 가지고 하나님의 영광을 위하여 헌신해야 할까?

필자는 이와 같은 질문에 최소한의 답을 제시하기 위해 이 책을 쓰게 되었다. 그리고 이 작은 책 속에서 한 여성을 소개하려 한다. 이 여성은 오늘날 여성 목사안수의 성서적 사례로 항상 언급되던 인물이기도 했다.[7] 그래서 그 여성은 21세기 한국교회 여성 지도자들의 성경적 모델이 되기에 충분한 사람이다. 그 사람은 바로 로마서 16장에 숨겨진 여자 사도! 주후 1세기 로마 교회의 설립을 도왔을 가능성이 있는 여자 사도!

그 이름은 '유니아(롬 16:7)'이다.

그래서 필자는 앞으로 진행될 이 추적여행을 통해 당신의 머릿속에 미래 한국교회를 위한 바람직한 여성 지도자의

---

7) Cary Macy, *The Hidden History of Women's Ordination: Female Clergy in the Medieval West* (New York: Oxford University Press, Inc, 2008), 96.

청사진blueprint을 그릴 수 있도록 돕고자 한다. 그리고 하나님께선 이 책과 함께 당신을 21세기의 또 다른 유니아로 거듭나게 하시기 위하여 끝까지 당신과 동행하실 것이다. 왜냐하면 21세기에 달려올 유니아! 그 사람은 바로 지금 이 책을 읽고 있는 당신이기 때문이다. "그 동안 아쉽게 숨겨진 여성의 존재와 역할을 제대로 찾으려는 노력은 무엇보다도 하나님의 구원과 회복의 기록인 성서에서 출발해야 한다."[8]는 주장처럼 성경 속 유니아를 찾기 위한 우리의 추적 여행은 충분히 우리가 바라는 그 빈 곳을 채워 줄 것이다.

---

8) 한미라, 『여자가 성서를 읽을 때』(서울: 대한기독교서회, 2002), 250쪽.

제2장
바울은 왜 로마에 편지를 써야했는가?

왜 바울의 「로마서」인가?

유니아를 추적하면서 왜 바울의 로마서를 같이 추적해야 하는가? 이유는 간단하다. 로마서에 유니아의 이름이 언급되기 때문이다. 그것도 단 한 번만 언급된다(롬16:7). 그러므로 로마서는 유니아의 참 모습을 추적하도록 만든 유일무이唯一無二한 자료이다. 만약 바울이 없었다면 로마서도 없었을 것이고, 만약 로마서가 없었다면 유니아도 없었을 것이다. 만약 바울이 없었다면 로마에 편지 쓸 일도 없었을 것이고, 만약 바울이 로마에 편지를 쓰지 않았다면 그 당시 로마에 있던 유니아의 존재도 우리에게 알려지지 않았을 것이다. 바로 여기에 우리가 유니아를 추적하면서 바울의 로마서를 제일 먼저 추적해야 하는 결정적 이유가 있다.

바울은 왜 로마교회에 편지해야만 했는가?

그렇다면, 가장 먼저 이런 질문부터 던지고 시작하자. "바울은 왜 로마교회에 편지를 써야만 했을까?" 물론 로마서의 저작목적은 한 가지로 요약될 수 있는 사항이 아니기 때문에 이 질문에 한마디로 답을 줄 수는 없다. 그런데 그 많은 이유들 중에 우리가 흔히 빠뜨리는 이유가 하나 있다. 그래서 그것만큼은 제대로 확인하고자 한다. 그 이유는 바로 바울은 로마 교회의 지원을 얻기 위한 목적에서 편지를 보냈다는 점이다.[1] 다시 말하면, 바울은 자기 선교사업에 로마교회의 지원을 호소하기 위한 목적으로 로마 교회에 편지를 써서 보냈던 것이다. 요즘으로 말하자면 일종의 '선교지원 의뢰 편지'인 셈이다.[2]

주후 1세기 바울이 복음사역을 한창 펼치고 있을 당시, 로마에 교회가 존재했다는 것은 분명한 역사적 사실이다. 일단 성경 속에 있는 증거만으로도 바울이 로마 교회에 편지를 썼다는 그 사실 자체와 훗날 바울이 로마교회에 도착했다는 사실을 기록한 사도행전 28장 11절-15절의 말씀이

---

[1] 이애실, 『어? 성경이 읽어지네!』(서울: 두란노 2006), 287-8쪽.
[2] Roland Allen, *Missionary Methods: St. Paul's or Ours?* (London: World Dominion Press, 1960), 3-9.

그것을 증명한다. 심지어 역사가들 중에 이미 주후 50년경에 이미 로마에 기독교인들이 살고 있었다고 주장하는 사람들도 있다.[3]

그런데 이상하게도 로마에 어떻게 기독교가 전달되었으며 어떤 과정을 통하여 기독교 공동체가 그 도시에 이루어졌는지에 대하여 아는 사람은 아무도 없다. 따라서 로마교회를 누가 어떻게 설립하고 개척했는지 아무도 모른다. 필자 개인의 생각으로는 오순절 사건 때 예루살렘에 방문했던 로마인들 중에 베드로의 설교를 듣고 거듭난 몇몇 사람들에 의해 로마교회가 시작되었다고 가정하고 있지만, 이것도 역시 필자 개인의 추측일 뿐이다(행 2:10, 41). 그러나 한가지 확실한 것이 있다. 로마 교회는 바울이 세운 교회가 아니라는 사실이다(물론 베드로도 아니다). 그리고 바울이 로마서를 쓸 50년경 후반까지만 해도 바울은 로마교회에 방문한 적이 전혀 없었다. 그런데 이러한 바울이 그런 로마교회에 편지를 보냈다. 더구나 그 편지는 일종의 박사학위 논문과 같은 묵직하고 방대한 장문長文의 편지였다.[4]

여기서 우리가 눈여겨봐야 할 것은 바로 바울이 이 편지를 쓴 시점이다. 바울은 그 편지를 그의 제3차 전도여행이 거의 끝나갈 무렵인 56–57년경에 보냈다. 그 때는 바울이

---

3) F. F. Bruce, *Paul: Apostle of the Heart Set Free* (Grand Rapids, Michigan: Wm. B. Eerdmans Publishing Co., 1998), 325.
4) Krister Stendahl, *Paul Among Jews and Gentiles and Other Essays* (Philadelphia: Fortress, 1976), 1–7.

자신의 제3차 전도여행 끝에 고린도에서 3개월간 휴식하면서 앞으로의 새로운 선교계획을 구상하던 시기였다.[5]

그렇다면 다시 질문해 보자. "바울은 왜 자신이 직접 개척하지도 않았고, 직접 세우지도 않았고, 직접 가보지도 않았으며, 직접 자신과 아무런 관련이 없는 로마교회에 그렇게 양적으로나 질적으로나 수준이 높은 장문의 편지를 보내야만 했을까? 그것도 왜 굳이 제3차 전도여행을 마감하는 50년대 후반기에 보내야만 했을까? 그 전에는 로마교회에 편지 보낼 생각을 하지 않고 있다가 왜 유독 그때서야 비로소 편지를 보내야만 했을까? 복음이 이미 전파된 곳에는 선교하지 않겠다고 하던 바울이(롬 12:20) 왜 이미 복음이 심어진 로마에 그렇게 장문의 편지를 보내야만 했을까?"

우리는 위의 질문에 이렇게 답할 수 있다. 바울이 로마서를 쓸 당시(55-57년경) 그는 고린도에서 그의 신실한 친구인 가이오와 함께 겨울을 지냈다. 실제로 주후 57년경 바울의 행적에 대해서는 기록된 바가 없다. 그러나 누가Luke의 기록에 의하면 그는 마게도냐로 가서 그 지경으로 다녀가며 복음을 전파하는 동시에 제자들을 권면했다고 한다(행 20:2). 이때 바울은 그의 동방선교(갈라디아와 소아시아, 그리고 마게도니아의 모든 지역)가 끝났다고 생각했다(롬 15:19). 그래서 그는 그 다음 선교목적지로 서바나(지금의

---

5) L. Ann Jervis, "The Purpose of Romans: A Comparative Letter Structure Investigation," *Journal for the Study of the New Testament Series* 55 (Sheffield: Sheffield Academic Press, 1991), 19.

스페인) 지역을 생각하고 있었다. 그래서 바울은 그 지역을 향한 서방선교로의 새로운 선교계획을 구상하고 있었다(롬 15:23).[6] 그런데 서바나 지역을 선교하기 위해서 바울이 반드시 지나야 하는 지역과 만나야 하는 사람들이 있었다. 바로 로마와 로마교회의 사람들이다. 바울에게 있어서 그 당시 로마는 서바나 선교를 위한 전초기지였으며 로마교회의 사람들은 바울이 서바나 지역을 선교할 때 물심양면物心兩面으로 그를 지원해 줄 수 있는 그 주변의 기독교 공동체였던 셈이다(롬 15:24).[7]

그러므로 바울은 어쩌면 자기 생애에 마지막 선교지가 될지도 모르는 서바나 지역의 선교를 앞두고 로마 교회를 향하며 미리 사전事前 '물밑작업'을 해둘 필요가 있었던 것이다. 왜냐하면 그들은 바울을 본 적도 없고 그에 대해 잘 모르며, 그의 선교 사업이 어떤 것인지 확실하게 알고 있지 않았기 때문이다. 심지어 로마교회에는 이미 바울에 대해 불건전하고 왜곡된 오해와 평가를 가지고 있는 사람들이 있었는지도 모를 일이다. 사실상 그러한 오해는 심지어 바울이 직접 개척했던 고린도나 갈라디아 지역에도 있었으니 그가 가본 적 없는 로마도 예외는 아니었을 것이다. 그래서 바울은 그들에게 자신을 정식으로 알릴 때가 되었음을 인식하

---

6) F. F. Bruce, *New Testament History* (New York: A Galilee Book, 1969), 335.

7) Ernest Findlay Scott, *The Literature of the New Testament* (New York: Columbia University Press, 1957), 158.

고 큰맘 먹고 긴 시간을 투자해 아예 작정하고 정서正書하여 로마교회에 장문의 편지를 써서 보낸 것이다.[8] 이러한 사실에 대해 돈 윌리엄즈Don Williams 교수는 다음과 같이 서술했다.

> 바울은 그의 가장 위대한 신학적 해설을 그가 그때까지 방문하지 못했던 교회에(1:3) 보냈다. 그의 의도는 그가 로마교회에 기꺼이 받아들여짐으로 로마에서 복음을 전파할 기회를 얻을 뿐만 아니라 더 나아가서는 서방, 마침내는 스페인(15:24)까지의 복음 전파를 위한 하나의 기지를 확보하려는 것이었다. 바울이 근심하였던 문제는 로마 교회가 그를 받아들일 것인가 하는 문제였다. 율법적 신자들은 그의 사역을 부정하려고 시도하였는데, 바울이 정말 사도인가? 그가 정확하게 복음을 전하는가? 구약 율법에 관해서는 어떠한가? 등은 쉽게 사라질 문제가 아니었다. ……로마로 향한 길을 준비하고 그곳에서 확실히 받아들여지기 위해서, 사도는 교회를 위한 그의 복음을 진술하고 있다.[9]

그랬다! 바울은 이와 같은 목적에서 로마교회에 편지를 써 보낸 것이다. 위의 목적에 비추어 우리가 로마서의 전체

---

8) John Murray, *The Epistle to the Romans* (Grand Rapids, Michigan: Wm. B. Eerdmans Publishing Co., 1959), xv.

9) Don Williams, *The Apostle Paul and Women in the Church*. 김이봉 옮김, 『바울과 女性』(서울: 기독교문사, 1982), 41-42쪽.

내용을 다시 한 번 살펴보면, 로마서의 선교적 저술 목적과 의도를 보다 확실히 알 수 있다. 우선 바울은 그 편지를 통하여 자신을 소개하고(롬 1:1-7), 자기의 선교대상을 밝히고(롬 1:8-17), 더 나아가 자기가 예수님으로부터 직접 받아 선교활동을 실천하면서 정립하게 된 자신의 신학을 매우 정교하게 설명한 후(롬 1:18-15:13), 자기의 사바나 지역 선교 목적과 의도(롬 15:14-33)를 자세히 제시한 것이다. 그러다보니 그 편지가 일종의 단순한 문안 편지라기보다는 한 편의 박사학위논문처럼 신학적으로나 교리적으로 매우 수준 있는 작품이 된 것이다. 그리고 그 편지는 현재 '로마서'라는 이름으로 오늘날까지 당당히 성경 속에 수록되어 있다.[10]

바울이 로마에 편지를 보내게 된 이러한 역사적 상황과 목적은 로마서의 본론 부분을 제외한 로마서의 서론(1:1-17)과 결론(15:14-29)에 집약되어 나타난다. 따라서 이 두 곳의 주요 내용은 모두 선교적 동기와 목적으로 서로 마주보고 있는 양괄식兩括式 형태이다.[11] 이것을 천안대학교 방동섭 교수는 로마서의 서론과 결론부분을 따로 떼어서 서로 맞추어 본 결과를 다음과 같이 제시했다.

---

10) David J. Bosch, *Transforming Mission: Paradigm Shifts in Theology of Mission* (Maryknoll, New York: 1993), 129.
11) 방동섭, 『십자군이 아니라 십자가의 정신입니다』(서울: 이레서원, 2000), 237쪽.

구약에서 예언된 복음 – 1:1-6 / 16:25-27

모든 민족에게 전파되는 믿음의 순종 – 1:5 / 15:18-16:26

은혜의 기원 – 1:7 / 16:20

로마의 성도들의 신앙의 전파 – 1:8 / 16:19

로마의 방문계획 – 1:8-13 / 15: 22-29

바울의 로마 방문목적 – 1:11-12 / 15:14

로마 방문의 좌절 – 1:13 / 15:22

모든 민족에게 증거될 복음 – 1:13-15 / 15:14-29

이러한 바울의 행동을 조금 과장해서 비유하자면 이렇다. 미국에서 공부하는 가난한 신학생이 등록금을 내야하는 시기에 한국에 있는 큰 교회 장학재단에 장학금을 허락받기 위하여 자신의 신상명세서와 신앙배경, 그리고 학업계획 그리고 심지어는 신학배경까지 정성껏 면밀하게 써서 우편으로 보내는 모습이다. 이러한 가난한 신학생의 행동은 과거 서바나 지역 선교를 위한 지원교회가 필요했던 바울의 간절한 모습을 매우 잘 대변해 준다. 더욱더 가까운 예로, 각 나라의 선교사들이 한국의 큰 교회나 또는 선교단체에 선교후원을 부탁하는 메일이나 편지도 이와 비슷한 경우라 생각할 수 있다.

따라서 로마서의 내용contents은 충분히 '교리적doctrinal'이다. 그러나 그 저작 목적purpose은 다분히 '선교적missiological'이다. 그러므로 우리가 로마서를 해석할 때 오로지 교리서신doctrinal epistle으로만 해석하는 것은 로마서를 반쪽만 이해한 셈이 된다. 왜냐하면 그것은 사도 바울이 쓴 로마서의 내용만 본 것이지, 정작 사도 바울이 로마서를 쓸 때의 시대적 상황과 사도 바울의 내적 비전은 전혀 고려하지 않은 경우이기 때문이다. 즉, 그것은 로마서의 내용만 인정하고 그 편지가 쓰일 당시에 사도 바울이 처해있던 상황과 그 저술 목적은 전혀 생각지 않은 결과라는 말이다.[12] 그래서 소기천 교수는 이때까지 로마서를 딱딱한 교리서적으로 알고 이론적으로만 읽어온 옛 관습을 버리고 로마서를 '하나님의 선교Missio Dei'의 선교적 관점에서 읽어야 한다고 주장했다.[13] 바로 여기에 우리가 로마서를 교리서신으로만 이해해서는 안 되는 결정적인 이유가 있다. 로마서는 어디까지나 저술 목적에서 봤을 때 로마교회로부터 확실한 선교지원을 부탁하기 위한 선교서신missiological epistle이다.

그렇다면, 정말 그러한가?

이제 바울이 쓴 로마서의 관련 구절을 통해 그 사실을 직접 확인해 보자.

로마서 1장 13절-15절

(13) 형제들아 내가 여러 번 너희에게 가고자 한 것을 너희가 모르기를 원하지 아니하노니 이는 너희 중에서도 다른

---

12) 이광순, 『선교학개론』(서울: 한국장로교출판사, 1993), 83쪽.
13) 소기천, 『로마서가 새롭게 보인다』(서울: 땅에 쓰신 글씨, 2003), 23쪽.

이방인 중에서와 같이 열매를 맺게 하려 함이로되 지금까지 길이 막혔도다 (14) 헬라인이나 야만인이나 지혜 있는 자나 어리석은 자나 다 내가 빚진 자라 (15) 그러므로 나는 할 수 있는 대로 로마에 있는 너희에게도 복음 전하기를 원하노라

여기서 분명히 바울은 자신의 로마 방문 계획의 목적을 보여주고 있다. 로마인들에게 복음을 전파하기 위함이다. 그런데 로마서의 마지막 부분에 가서 이 말씀과는 약간 모순되는 구절이 나온다.

로마서 15장 20절
또 내가 그리스도의 이름을 부르는 곳에는 복음을 전하지 않기를 힘썼노니 이는 남의 터 위에 건축하지 아니하려 함이라

이게 무슨 말인가? 바울은 정작 로마서를 시작하면서 로마에 가는 목적이 복음전파라고 했다가(롬 1:13-15), 나중에는 이미 복음이 전파된 곳에서는 선교활동을 하지 않겠다고 선언한다(롬 15:20). 말의 앞과 뒤가 맞지 않는다. 이거 뭔가 약간 이상하지 않은가? 결국 바울은 로마교회에 복음 전파 이외의 또 다른 목적을 가지고 편지를 쓴 것이었다. 그렇다면 그 외의 다른 숨겨진 또 다른 목적은 무엇이었을까?

로마서 15장 22절-24절

(22) 그러므로 또한 내가 너희에게 가려 하던 것이 여러 번 막혔더니 (23) 이제는 이 지방에 일할 곳이 없고 또 여러해 전부터 언제든지 서바나로 갈 때에 너희에게 가기를 바라고 있었으니 (24) 이는 지나가는 길에 너희를 보고 먼저 너희와 사귐으로 얼마간 가쁨을 가진 후에 너희가 그리로 보내주기를 바람이라

여기서 이제 사도 바울은 이때까지 자신이 선교해 온 장소에 더 이상 할 일이 없어졌다고 솔직히 공개적으로 말한다. 이것은 사도 바울에게 있어 자신의 선교 사업에 크나큰 전환점이 생길 때가 되었다는 것을 약간 우회적으로 표현한 것이다. 물론 이러한 상황은 바울 자신이 직접 현재 새로운 선교지역을 물색 중인데 그곳이 바로 서바나 지역임을 알리는 데서 여실히 증명된다.[14]

그런데 여기서 우리가 눈여겨봐야 할 구절이 있다. 바로 "너희가 그리로 보내주기를 바람이라"는 구절이다. 영어로는 이 구절에 "assist"라는 동사가 사용되었다. 결론부터 말하면, 자기의 서바나 선교계획을 물심양면으로 지원해달라는 부탁이다. 우선 바울은 서바나로 가면서 로마교회를 방문하겠다고 말한다. 그리고 그곳에서 로마교회 공동체와 함께 사귐을 가지고 싶다고 말한다. 그리고 맨 마지막에 가서

---

14) 朴昶環,『新約聖書槪論』(서울: 大韓基督敎書會, 1972), 163쪽.

"너희가 나를 좀 그곳으로 보내달라고 부탁한다." 결국, 이 마지막 말을 하기 위해서 바울은 그렇게 긴 편지(로마서)를 로마교회에 보냈던 것이다. 그때는 자신이 있던 지역의 모든 선교사역이 끝났던 주후 50년대 후반이었으며, 이제는 바울이 새로운 선교지를 향하여 마음을 품고 있을 때였다.[15]

그러므로 우리는 여기서 바울이 로마를 방문하려던 실제 목적은 이미 복음의 씨앗이 뿌려져 있는 로마에 복음을 재선포re-proclaim하기 위한 목적도 있었지만, 그보다 더 우선적으로는 아직도 복음의 씨앗이 뿌려지지 않은 서바나 지역을 선교함에 있어 먼저 로마교회를 방문해 그들의 선교지원을 의뢰하기 위함이었음을 알 수 있다.[16] 그래서 주경학자 매튜 헨리Matthew Henry는 이 부분을 주석하면서 "바울은 자기 선교지역의 선교 대상자들을 위한 선교자금과 구제헌금을 신청함에 있어 매우 천재적인 재능을 가지고 있는 사람(Paul was very ingenious at begging, not for himself, but for others)"[17]라고 말했다.

어쨌든 바울은 이와 같은 선교적 목적을 가지고 큰맘 먹

---

15) 이재환, 『미션 파스블』(서울: 두란노, 2003), 260-1쪽.

16) 이 부분에 대한 필자의 좀 더 자세한 분석과 주장에 대해서는 김철웅, 『추적! 사도 바울의 16년』(서울: 쿰란출판사, 2007), 213-18쪽-(바울은 돈 문제를 초월한 사람이다.……그러나!)를 참조할 것.

17) Matthew Henry, *Matthew Henry's Commentary: Acts to Revelation,* Vol 6 (Hendrickson Publishers, 1991), 398.

고 고린도에서 장문의 편지를 기록했으며, 그것을 더디오에게 대필代筆하게 했고(롬 16:22), 기록을 마친 후 자신이 굳게 믿을 만한 주후 1세기의 여성 사역자 중 한 사람인 뵈뵈 Phoebe의 손을 통해 로마에 편지를 보낸 것이다(롬 16:1). 그리고 마지막 편지를 마무리하면서 그곳에 있는 사람들 중에 자신이 잘 알고 있는, 앞으로 우리가 심층 추적할 유니아에게 문안한 것이다.

로마교회가 읽은 바울의 편지: 로마서

그렇다면 이때까지의 추적결과에 따라 다음과 같은 상상을 한번 해보자. 이렇게 해서 보내진 로마서를 읽은 로마교회 공동체의 입장이다. 그들의 입장에서 볼 때 바울의 편지는 어떠했을까? 그들은 바울의 편지를 읽고 어떤 생각을 하였으며, 어떤 결정을 내렸을까? 아직까지 확실한 정황은 알 수 없으나 그들은 바울의 뜻을 잘 헤아리고 바울이 소망하던 바를 잘 도와주려 했을 것이다.

이를 입증하는 타당한 증거는 두 가지이다.

① 첫째, 바로 지금까지 존재하게 된 로마서 그 자체이다.

그들은 바울의 편지를 그대로 베껴서 사본을 만들었으며, 그 사본을 베낀 수많은 재판본再版本들을 만들어 내었다. 만약 그들이 바울에 대한 반감이 있으며 그의 선교사역에 의심을 품고 그를 도우려 생각하지 않았다면, 아마 그의 편지는 그 자리에서 처분되었거나 설사 남아 있다하더라도 사본의 형태로 귀하게 보존되지는 않았을 것이다.

② 둘째, 바로 사도행전의 증언이다.

이때의 상황을 누가는 사도행전을 통하여 다음과 같이 기록하고 있다.

> ……그래서 우리는 이와 같이 로마로 가니라 그곳 형제들이 우리 소식을 듣고 압비오 광장과 트레이스 타베르네까지 맞으러 오니 바울이 그들을 보고 하나님께 감사하고 담대한 마음을 얻으니라 (행 28:14-15)

> 바울이 온 이태를 자기 셋집에 머물면서 자기에게 오는 사람을 다 영접하고 하나님의 나라를 전파하며 주 예수 그리스도에 간한 모든 것을 담대하게 거침없이 가르치더라 (행 28:30-31)

이러한 증거에 비추어 볼 때, 우리는 바울이 로마교회에 보낸 편지의 목적을 어느 정도 달성할 수 있었음을 짐작할 수 있다. 물론 그 이후 사도 바울이 정말 자신이 원하던 서바나까지 선교활동을 했는지 안 했는지에 대해서는 아무도 모른다. 다만 무라토리안 목록Muratorian list과[18] 속사도 교부

---

[18] 2세기 말 로마에서 편찬된 신약성경 문서인 무라토리안 목록에는 성경의 사도행전에 없는 기록, 즉 바울이 로마를 떠나 스페인으로 갔다는 내용이 들어있다. 그러나 이것은 무라토리안 목록보다 10여 년 전

The Apostalic Father인 클레멘트Clement의 글에서만[19] 희미한 낭만적 추론을 발견할 뿐이다. 그러나 확실한 것은 바울이 로마에서 여전히, 그것도 가택연금家宅軟禁된 상태에서 지속적으로 선교활동을 계속했었다는 점이다. 물론 그때 바울이 로마에 있던 유니아와 함께 동역했을 가능성은 얼마든지 있다.

그렇다면 이러한 바울의 로마서 저술목적이 유니아라는 인물과 어떤 관계가 있는가? 이 질문에 답하기 위해서 이제부터 우리는 로마서 16장 전체를 한번 조망해야 한다. 이것은 다음 장章에서 계속 추적하게 될 것이다.

에 기록된 외경apocryphal 「베드로행전Acts of Peter」에 근거를 둔 것으로 역사적 신빙성은 없다. 참고하라. F. F. Bruce, *New Testament History*, 366.

[19] 속사도 교부인 클레멘트는 고린도 교회에 다음과 같이 편지했다: "(5) 질투와 싸움 때문에 바울은 그의 본보기에 의해서 참아내는 인내를 위한 상을 받는 길을 가르쳐 주었습니다. (6) 그가 여러 번 수감이 되고, 추방이 되었고, 돌로 맞았고, 그러면서 서쪽과 동쪽에서 복음을 전한 뒤에, (7) 전 세상에 의를 가르치고 서쪽 가장 먼 끝까지 이르면서 그는 신앙에 대한 참된 영광을 얻었습니다. 마지막으로 그가 통치자들 앞에서 그의 증언을 했을 때, 비로소 그는 참아내는 인내의 뛰어난 본보기가 되면서 세상을 떠나서 거룩한 장소로 갔습니다. (클레멘트 1서 5장 5절-7절)" 그러나 이 글 역시 서쪽 가장 먼 끝이 정말 스페인인지 말하지 않고 있어서 우리로서는 다만 바울의 순교지가 로마라는 정보를 알아낸 것으로 만족해야 한다. 참고하라. J. B. Lightfoot and J. R. Harmer trans., *The Apostolic Fathers, Second Edition*, 이은선 역, 『속사도 교부들』(서울: 기독교문서선교회, 1994), 47쪽.

제3장
로마서 16장은 무엇을 말하는가?

유니아와 로마서 16장

그렇다면 이러한 바울의 로마서 저술목적이 유니아와 어떤 관계가 있는가? 이 질문에 답하기 위해서는 가상 먼저 로마서 16장 전체를 한번 추적해봐야 한다.[1] 그 이유는 세 가

---

1) 한때 로마서 16장은 나중에 기독교인들이 로마서의 필사본(筆寫本)을 에베소 지역에 복사해 보내면서 그 지역의 사람들을 위한 문안한 글을 훗날 첨가한 가필(加筆)이라는 주장이 있었다. 그 이유는 바울이 한 번도 방문한 적이 없는 로마에 그렇게 많은 사람들에게 안부를 물을 수 없으며, 편지 후반에 이런 형태의 안부를 묻는 것은 바울의 원래 서술방식과 거리가 멀며, 브리스가와 아굴라(16:3) 그리고 "아시아에서 얻은 첫 열매(16: 5)"라는 표현이 로마보다는 에베소 지역과 밀접한 관련이 있을 것이라는 가설 때문이다. 그러나 이러한 가실에 대해 우리는 다음과 같이 반론할 수 있다. 로마서 사본들 중에 15장으로 끝나는 사본이 존재하지 않으며, 16장이 생략된 몇 사본의 경우 항상 15장 1절-33절과 16장 1

지다. ① 로마서 16장은 바울의 로마서 저술목적을 간접적으로 증명하고 있는 장이며, ② 우리의 추적대상인 유니아의 이름이 바로 로마서 16장에서 나타나는데, 그것도 유일하게 단 한 번 등장하기 때문이며, ③ 바울이 로마서를 쓸 당시 주후 1세기 기독교회에 여성의 역할이 얼마나 활발했으며 중요했는지를 바로 로마서 16장이 보여주고 있기 때문이다.

그러므로 로마서 16장에 대한 이해 없이는 바울의 로마서 기록목적도 알 수 없을 뿐만 아니라, 유니아에 대해서도 알 수 없고, 더 나아가 그 당시 주후 1세기 교회 상황 속에서 충실히 사역했던 수많은 숨겨진 여성 사역자들에 대해서도 알 수 없게 된다.[2] 그래서 일본 신학자 아리이 사사구荒井獻는 여성신학의 입장에서 여성 신약성서학자들이 더욱더 깊이 연구하고 항상 인용해야 하는 성경대목이 로마서 16장임

절-23절을 함께 생략한다. 이것은 이들 두 본문이 한 단위로 묶어서 움직였다는 사실을 보여준다. 또한 바울이 원래 가보지 않는 로마라도 다른 지역에서 서로 알고 지내던 사람들이 얼마든지 로마에 머물 수 있으며, 서로 주변 사람들로부터 소문으로 들어 알고 있는 사람도 있을 수 있다. 아시아의 첫 열매에 해당하는 사람도 그 당시에는 로마에 있을 수 있으며, 브리스가와 아굴라 역시 클라우디우스 황제가 죽은 후(A.D. 54) 또다시 로마에 돌아갈 수 있었을 것이다. 더 나아가 특별한 목적을 두고 로마의 지원을 받기 위해 쓴 로마서 뒷부분에 로마 교인들에게 그렇게 긴 안부를 묻는 것은 오히려 당연할지 모른다. 따라서 로마서 16장은 로마서의 핵심 배경이 되는 장임이 틀림없다. 보다 자세한 내용은 다음을 참고하라. 朴昶環, 『新約聖書槪論』(서울: 大韓基督敎書會, 1972), 166-67쪽.

2) 이한수, 『복음은 구원을 주시는 하나님의 능력』(서울: 이레서원, 2008), 1519-21쪽, 1541-42쪽.

을 기술한 바 있다.[3] 바로 여기에 우리가 유니아를 추적하면서 로마서 16장을 제일 먼저 추적해야 하는 이유가 있다.

로마서 16장이 없는 로마서는 죽은 로마서이다.

요즘 사람들은 영화를 참 좋아한다. 그래서 많은 사람들이 영화를 많이 본다. 그러나 영화가 끝난 뒤 화면을 통해 아래에서 위로 올라가는 엔딩Ending자막을 눈여겨보는 사람은 거의 없다. 그 자막에는 이 영화를 만든 감독의 이름, 주연배우의 이름, 조연배우의 이름, 그 외에 카메라, 조명담당, 소품담당과 같은 여러 스태프들의 이름들이 적혀 있다. 그 자막은 바로 그 영화를 만드는 데 있어 같이 동참하여 함께 일했던 모든 사람들의 이름과 이때까지 같이 고생하고, 또 같이 헌신했던 모든 사람들에 대한 소개를 담고 있다.

그러나 그 자막에 대한 우리의 관심은 어떠한가? 한마디로 매우 냉정하다. 우리는 그 자막에 관심을 가지기는커녕 영화가 끝나기 무섭게 그냥 모두 다 자리에서 일어나 분주하게 극장 밖으로 나가기 바쁘다. 물론 그 이유는 분명하다. 일단 재미없기 때문이다. 그리고 지루하다. 또한 본론인 영화가 다 끝난 상황이기 때문에, 그 뒤에 올라가는 자막 정도는 있어도 그만이요 없어도 그만인 부록정도로 인식하기 때문이다.

---

3) 荒井獻.『新約聖書の女性觀』. 金允玉 譯,『신약성서의 여성관』(서울: 대한기독교서회, 1993), 179쪽.

그런데 이상한 것은 모든 영화는 마치 우리의 이러한 무관심과 냉대를 비웃기라도 하듯 한결같이, 천편일률적千篇一律的으로 영화가 끝나면 자막을 어김없이 올려 보낸다. 한 번의 예외도 없다. 물론 이것 또한 그만한 이유가 있다. 왜냐하면 그들이 없었다면 그 영화는 만들어 질 수 없었기 때문이다. 물론 우리에게는 그 자막이 불필요하고 아무런 가치 없는 것으로 보일 수 있다. 그러나 그 영화를 제작한 사람들에게는 그 자막 속에 나와 있는 이름들이 영화 못지않게 중요하다. 어떤 경우에는 영화 자체보다 더 중요한 것일지도 모른다. 그러므로 그들에게 있어서는 마지막 자막이 없는 영화는 주인 없는 죽은 영화일 수밖에 없다.

이처럼 마지막 자막 없는 영화가 주인 없는 죽은 영화라면, 마지막 16장 없는 로마서 역시 주인 없는 죽은 로마서이다.[4] 로마서 16장은 이미 우리가 잘 알고 있듯이 바울이 로마에 쓴 편지를 마무리 하면서 로마교회에 있는 사람들의 안녕安寧을 묻는 문안問安의 장이다. 그래서 16장은 종종 있어도 그만이요, 없어도 그만인 로마서의 부록처럼 여겨질 때가 많다. 그러나 정작 바울에게 있어서는 16장, 이 하나의 장이 로마서의 나머지 긴 본문보다도 더욱더 귀한 장일 수 있다. 왜냐하면, 만약 16장에 소개된 그들이 없었다면 바울도 없었을 것이요, 만약 그들이 없었다면 바울이 로마에 편지를 쓸 이유도 없었기 때문이다. 그러므로 자막이 없는 영

---

[4] 이재환, 『미션 파스블』(서울: 두란노, 2003), 264쪽.

화가 없듯이, 16장이 없는 로마서도 없다.

16장에 계시된 여덟 가지 내용

그렇다면 그토록 귀한 로마서 16장에는 무슨 내용이 들어있는가? 가장 눈에 띄는 것은 무수하게 열거된 수많은 사람들의 이름이다. 그 이름들 중에 아리스도불로의 권속(10절)과 나깃수의 권속(11절)은 가족 전체가 문안 받고 있으며, 또한 가정교회를 운영하고 있는 이름도 함께 소개되고 있다(5절, 14절, 15절). 결국 바울은 로마서 16장의 그 짧은 27절을 통하여 우리에게 총 여덟 가지 귀중한 정보를 제공한다. 하나씩 살펴보자!

1) 소개: 바울이 자기 주변 사람을 로마교회에 추천하며 소개한다.(1절, 21-23절)

(1)내가 겐그레아 교회의 일꾼으로 있는 우리 자매 뵈뵈를 너희에게 천거하노니

(21)나의 동역자 디모데와 나의 친척 누기오와 야손과 소시바더가 너희에게 문안하느니라 (22)이 편지를 기록하는 나 더디오도 주 안에서 너희에게 문안하노라 (23)나와 온 교회를 돌보아 주는 가이오도 너희에게 문안하고 이 성의 재무관 에라스도와 형제 구아도도 너희에게 문안하느니라

2) 문안: 로마에 있는 사람들을 향한 바울의 안부와 문안을 전한다.(3-16절)

(3)너희는 그리스도 예수 안에서 나의 동역자들인 브리스가와 아굴라에게 문안하라 (4)그들은 내 목숨을 위하여 자기들의 목까지도 내놓았나니 나뿐 아니라 이방인의 모든 교회도 그들에게 감사하느니라 (5)또 저의 집에 있는 교회에도 문안하라 내가 사랑하는 에배네도에게 문안하라 그는 아시아에서 그리스도께 처음 맺은 열매니라 (6)너희를 위하여 많이 수고한 마리아에게 문안하라 (7)내 친척이요 나와 함께 갇혔던 안드로니고와 유니아에게 문안하라 그들은 사도들에게 존중히 여겨지고 또한 나보다 먼저 그리스도 안에 있는 자라 (8)또 주 안에서 내 사랑하는 암블리아에게 문안하라 (9)그리스도 안에서 우리의 동역자인 우르바노와 나의 사랑하는 스다구에게 문안하라 (10)그리스도 안에서 인정함을 받은 아벨레에게 문안하라 아리스도불로의 권속에게 문안하라 (11)내 친척 헤로디온에게 문안하라 나깃수의 가족 중 주 안에 있는 자들에게 문안하라 (12)주 안에서 수고한 드루배나와 드루보사에게 문안하라 주 안에서 많이 수고하고 사랑하는 버시에게 문안하라 (13)주 안에서 택하심을 입은 루포와 그의 어머니에게 문안하라 그의 어머니는 곧 내 어머니니라 (14)아순그리도와 블레곤과 허메와 바드로바와 허마와 및 그들과 함께 있는 형제들에게 문안하라 (15)빌롤로고와 율리아와 또 네레오와 그의 자매와 올름바와 그들과 함께 있는 모든 성도에게 문안하라 (16)너희가 거룩하게 입맞춤으로 서로 문안하라 그리스도의 모든 교회

가 다 너희에게 문안하느니라

3) 경고: 거짓 교훈을 가르쳐 분쟁의 원인이 되는 자들을 떠나라.(17-18절)

(17)형제들아 내가 너희를 권하노니 너희가 배운 교훈을 거슬러 분쟁을 일으키거나 거치게 하는 자들을 살피고 그들에게서 떠나라 (18)이 같은 자들은 우리 주 그리스도를 섬기지 아니하고 다만 자기들의 배만 섬기나니 교활한 말과 아첨하는 말로 순진한 자들의 마음을 미혹하느니라

4) 격려: 로마 교회 교인들의 신앙에 대한 칭찬한다.(19절)

(19)너희의 순종함이 모든 사람에게 들리는지라 그러므로 내가 너희로 말미암아 기뻐하노니 너희가 선한 데 지혜롭고 악한 데 미련하기를 원하노라

5) 미래에 대한 예언을 한다.(20절)

(20)평강의 하나님께서 속히 사탄을 너희 발아래에서 상하게 하시리라……

6) 복음에 대한 선포와 찬양이 있다.(25-27절)

(25)나의 복음과 예수 그리스도를 전파함은 영세 전부터 감추어졌다가 (26)이제는 나타내신바 되었으며 영원하신 하

나님의 명을 따라 선지자들의 글로 말미암아 모든 민족이 믿어 순종하게 하시려고 알게 하신바 그 신비의 계시를 따라 된 것이니 이 복음으로 너희를 능히 견고하게 하실 (27) 지혜로우신 하나님께 예수 그리스도로 말미암아 영광이 세세 무궁하도록 있을 지어다 아멘

7) 강복선언(降福宣言)(축도): 예수 그리스도의 은혜를 선언한다.(20절)

(20)······우리 주 예수의 은혜가 너희에게 있을지어다

8) 주후 1세기에 있었던 가정교회와 사역직분을 소개한다.

가정교회 (14-16절), 편지전달자 (1절), 집사 (1절), 동역자 (3절, 9절), 사도 (7절), 편지대서자 (22절), 식주인 (23절), 재정담당 (23절)

이처럼 로마서 16장에 제시된 정보는 총 여덟 가지이다. 이 중에서 지금부터 우리가 눈여겨봐야 하는 부분은 바로 첫 번째와 두 번째 정보인 바울의 추천과 소개(1절, 21-23절), 그리고 로마에 있는 사람들을 향한 사도 바울의 안부와 문안이다(3절-16절). 그 중에서도 특별히 로마교회에 있는 여자들을 향한 바울의 문안을 더욱 눈여겨봐야 한다. 왜냐하면 바로 그 속에 현재 우리가 추적하는 유니아의 이름이 들어있기 때문이다.

로마서 16장의 여자들은 누구인가?

로마서 16장을 보면 참으로 많은 이름이 나온다. 그런데 그 이름의 3분의 1이 여자이름이다. 차례대로 나열해 보면, 뵈뵈(1절), 브리스가(3절), 마리아(6절), 유니아(7절), 드루배나와 드루보사(12절), 버시(12절), 루포의 어머니(13절), 율리아(15절), 네레오의 누이(15절) 등이다. 그리고 이들을 칭찬하며 묘사하기 위해 붙은 수식어도 참 다양하다. 물론 편지 맨 마지막 부분에 이렇게 많은 사람의 이름을 거론했다는 그 사실 자체도 놀라운 일이지만, 그 당시 숫자에도 넣지 않던 여자의 이름을 이렇게 많이, 그것도 상세한 추가설명까지 곁들여가면서 기록했다는 사실은 더욱더 놀라운 일이다.

이것은 주후 1세기 기독교 공동체에 여자들의 역할 또한 남자들 못지않게 강하고 탁월했음을 보여주는 증거이다. 동시에 바울이 여성사역 반대자가 아니었음을 보여주는 증거이기도 하다.[5] 실제로 사도 바울은 전도활동을 하면서 남자 사역자들과는 자주 충돌했다. 예를 들자면, 바나바와 마가(행 15:36-41) 그리고 베드로(갈 2:11-14)이다. 그러나 의외로 여자 사역자들과는 비교적 동역을 잘했다. 예를 들면, 루디아(행 16:14), 로마서 16장의 여인들, 그리고 성경이 아닌 위경僞經에 등장하는 데클라Thecla다.[6]

---

5) 김지철. "바울과 여성 선교동역자들(로마서 16장을 중심으로)," 『長神論壇』13집 (1999), 27-48쪽.

6) 성경이 아닌 위경 「바울과 데클라 행전」의 기록에는 바울이 '데클라 Thecla'라는 여자와 함께 선교사역을 했다고 기록한다. 주후 2-3세기

그럼, 이 중에서 로마서 16장에 소개된 우리가 눈여겨봐야 할 몇몇 여성 사역자들을 추적해 보자.

우선 1절의 뵈뵈는 집사로서 로마서를 전달한 사람이다. 바울이 살고 있던 주후 1세기에 편지전달은 유일한 소식통이었다. 때문에 아무나 할 수 있는 일이 아니었다. 그 당시는 요즘 21세기처럼 편리한 문서기록이나 신속한 서신전달이 불가능한 시기였기 때문이다. 특별히 그 당시의 편지들은 다 두루마리 양피지羊皮紙로 되어 있었다. 틀림없이 로마에 보낸 편지는 로마서의 분량으로 볼 때 족히 적은 양의 두

에 쓰여진 것으로 추정되는 「바울과 데클라 행전」의 주요 내용은 이렇다. 데클라는 이방여인이다. 그것도 이제 곧 결혼할 남편이 있는 정혼녀定婚女이며 아직 남자를 모르는 동정녀童貞女다. 그러던 중 그녀가 순결에 대해 선포한 바울의 설교를 듣고 성령의 감동을 받아 자신의 모든 삶을 순결하고 정순하게 하나님께 바치기로 결심한다. 결국 그녀는 약혼녀와의 정혼을 깨고 바울과 함께 선교사역을 시작했다. 그러자 테클라의 약혼남이 분노하여 데클라를 고발하게 되고 데클라는 숱한 어려움을 겪게 된다. 그러나 하나님께서는 그녀를 초자연적인 권능의 보호하심으로 모든 환난에서 구해주신다. 그 뒤 자유의 몸이 된 그녀는 바울과 함께 사역하면서 평생 처녀로 주님께 헌신한, 그 당시 보기 드문 여자 사도로 묘사되고 있다. 물론 이 행전은 역사적 사실검증이 불투명하기 때문에 성경으로 인정되지 않는다. 그래서 불행히도 여자 사도 데클라의 존재와 사역에 대하여는 거의 아는 사람이 없고 숨겨져 왔다. 특별히 이 행전은 위경으로서 초대 교회 이단 종파 중 하나인 영지주의 문서 Gnostic document일 뿐만 아니라, 초대교회 성차별로 인한 무관심 때문에 더욱더 소외된 문서이기도 하다. 그러므로 실제적으로 성경으로 인정받기에는 문제점이 있는 위경 중 하나임은 분명하다. 그러나 동방정통교회에서는 지금도 어느 정도 데클라의 존재를 인정하는 입장이다. 참고하라. 이상근, 『외경주해 신약외경』(서울: 성등사, 1997), 241-258쪽. "The Acts of Paul and Thecla" (http://gbgm-umc.org/umw); Bart D. Ehrman, *After the New Testament: A Reader in Early Christianity* (New York: Oxford University Press, 1999), 278-84. Bart D. Ehrman, *Truth and Fiction in The Da Vinci Code* (New York: Oxford University Press), 169-70.

루마리는 아니었을 것이다. 그 부피나 크기가 매우 컸을 것이다. 그런데 바울은 그 중요하고 무거운 편지를 뵈뵈라는 여자에게 맡겼다. 한 마디로, 바울은 그만큼 이 여자를 믿었던 것이다.

3절의 브리스가는 아굴라의 아내로서, 로마에서 살다가 글라우디아 황제의 칙령에 의해 로마를 떠나 고린도 지역으로 옮겨온 후 그곳에서 사도 바울을 만나 함께 사역했다. 그리고 에베소 사역을 거쳐 나중에 로마로 다시 되돌아온 사람이다. 그리고 로마에서 로마교회의 시초라 할 수 있는 가정교회를 섬겼다 (행 18:1-4, 26, 롬16:3-5, 고전 16:19, 딤후 4:19).

6절의 '마리아'에 대해서는 아무런 정보가 없다. 그러나 동방정통교회에서는 그녀가 막달라 마리아임을 주장한다. 그러나 역사적으로 확인된 바는 없다. 그 당시 마리아라는 이름은 미국의 제인Jane만큼이나 너무 흔한 이름이었다. 다만, 로마서 16장 7절의 유니아가 누가복음 8장 3절에 나오는 헤롯의 청지기 구사의 아내 요안나와 같은 사람임을 주장하는 학자들에 의해 로마서 16장 6절의 마리아가 그 당시 요안나와 함께 활동했던 누가복음 8장 2절의 막달라 마리아일 가능성이 있다는 추론이 있을 뿐이다.[7] 한 가지 분명한 건, 바울은 그녀가 특별히 많이 수고했고, 특별히 로마 사람들을 위해 수고했다고 추천하고 있다는 점이다. 이에 대해

---

7) 이 사실에 대해서는 다음 장에서 더 자세히 언급될 것이다.

아브라함 카이퍼Abraham Kuyper는 로마의 마리아가 로마서 16장에서 같이 소개된 여자 버시(12절)와 함께 로마 도시의 어려운 사람들과 신앙의 핍박을 받고 있는 사람들을 집으로 초대하여 먹이고 입히는 복지사역을 한 여인으로 묘사했다.[8]

12절의 버시에 대해서는 아주 흥미로운 두 가지 가설이 있다. 첫 번째 가설은 버시가 바울의 영적 아들이자 후배였던 디모데의 누이라는 설이다. 고대 기독교 전승에 의하면, 디모데 아버지의 이름이 푸텐떼이고, 그에게는 아들 디모데 외에 프덴지아나와 프레세데라는 두 딸이 있었다고 한다. 그런데 버시의 이태리 로마식 이름이 바로 프레세데 Preassede이다. 지금도 이태리 로마에 가면 산타 프라세데 Santa Prassede 기념교회가 있는데, 그 교회에는 순교자들의 시신을 거두어 그들의 피를 닦아주고 있는 프레세데(버시)의 동상이 있다. 이 가설에 의하면, 산타 프레세데 교회는 이러한 프레세데(버시)의 헌신을 기념하는 교회인 셈이다.[9] 두 번째 가설은 버시가 페르시아에서 온 여자노예라는 설이다. 버시의 영어이름이 페르시아 국가를 나타내는 펄시스 Persis이며, 가끔 노예 이름들 중에 버시라는 이름이 있었다. 따라서 버시는 페르시아에서 온 여자노예일 가능성도 있다.

---

8) Abraham Kuyper, *Women of the New Testament* (Grand Rapids, Michigan: Zondervan Publishing House, 1962), 82-84.

9) "http://blog.naver.com/PostView.nhn?blogId=jhy1959&logNo=90100948300" (2014년 2월 23일)

결국, 그 버시가 복음을 듣고 예수를 믿어 이름도 빛도 없이 로마교회를 위해 헌신했던 것이다.[10]

13절의 루포의 어머니도 마찬가지이다. 바로 이 여자가 예수님을 대신하여 십자가를 지고 골고다 언덕에 올라간 구레네 사람 시몬의 부인이라는 가설이다.[11] 「마가복음」은 구레네 사람 시몬을 알렉산더와 루포의 아버지라고 기록한다(막 15:21). 만약, 이 마가복음의 루포가 로마서의 루포와 똑같은 사람이라면 루포의 어머니는 당연히 구레네 사람 시몬의 부인이 된다. 또한 훗날 바울이 어려움에 빠졌을 때에 그를 도왔던 알렉산더도 구레네 사람 시몬의 아들일 수 있다(행 19:33). 그런데 구레네 사람 시몬의 이야기는 공관복음서에 다 나온다(마 27:32, 막 15:21, 눅 23:26). 그러나 그의 두 아들 루포와 알렉산더의 이름이 소개된 곳은 마가복음뿐이다. 그 이유는 마가복음이 로마에서 기록되었기 때문이다. 알렉산더와 루포는 이미 로마의 기독교인들 사이에서 잘 알려진 인물일 수 있다. 동시에 이 가정이 구레네 지역(현재 아프리카 북부 튀니지 지역) 출신이라는 것을 생각할 때, 그들은 안디옥에서 제일 처음 복음을 전파한 가정일 수도 있다(행 11:20). 그래서 바울은 그들을 소개하면서 "주 안에서 선택함을 입은"이라는 독특한 수식어를 붙인 것이

---

10) 이한수, 『복음은 구원을 주시는 하나님의 능력』(서울: 이레서원, 2008), 1548쪽.

11) William Barclay, *The Letter to the Romans* (Edinburgh: The Saint Andrew Press, 1969), 233, 236-37.

다.¹²⁾ 또 다른 가설이 있다. 구레네 시몬이 북아프리카 구레네 출신의 흑인이었던 점을 감안한다면, 수리아 안디옥 교회의 초대 지도자이자 선지자이며 교사였던 "니게르라 하는 시므온(행 13:1)"과 동일인물일 수 있다. 왜냐하면, 니게르가 흑인이라는 뜻을 지닌 말이기 때문이다. 즉, 니게르라 하는 별명을 가진 시므온은 구레네 지역의 시몬이라는 말이다. 니게르라 하는 시므온은 그와 함께 소개된 또 다른 구레네 사람 루기오(행 13:1)와 같은 고향 출신으로 함께 안디옥에서 일하게 되었다. 전승에 의하면, 구레네 시몬의 12대 후손이 로마를 통일하고 기독교를 승인한 콘스탄틴 대제大帝라고 한다.¹³⁾ 만약 이 모든 가설이 그대로 맞는다면, 예수님의 십자가를 대신 진 구레네 사람 시몬(또는 니게르라 하는 시므온)의 가정은 훗날 매우 큰 복을 받았음을 알 수 있다. 특별히 그의 부인은 이후 바울의 사역을 도와 함께 일하며 바울에게 있어 마치 친어머니와 같은 존재로 남았을 것이다.¹⁴⁾ 자! 그렇다면 이제 우리의 주인공 유니아 (7절)는 어떠한가?

이제부터 본격적으로 유니아에 대해서 추적해보자.

---

12) Philip S. Johnston, *The IVP Introduction to the Bible* (Downers Grove, IL: InterVarsity Press, 2006), 189.

13) F. F. Bruce, *New Testament History* (New York: A Galilee Book, 1969), 395.

14) Warren W. Wiersbe, *Wiersbe's Expository Outlines on the New Testament* (Wheaton, Illinois: Victor Books, 1992), 412.

제4장
유니아는 누구인가? (Who)

1. 소설 속의 유니아 두 개의 작품

필자가 읽은 영문英文 기독교 신앙소설 가운데 유니아에 대한 작품이 있다. 모두 두 작품이다. 이 소설형태의 작품들은 필자가 성경 속 유니아에 대하여 열심히 추적하는 과정 중에 발견한 소설이라 매우 반가웠으며 감격스러웠다. 그러나 그것은 어디까지나 소설일 뿐이었다. 그렇기 때문에 역사적으로 믿을만한 부분은 전혀 없었다.

그러나 그럼에도 불구하고, 이 소설들에는 필자가 놓칠 수 없는 세 가지 가치가 있었다. 첫째, 유니아의 이름이 그 당시 매우 흔한 여자 이름이었다는 점이다(그래서 성경 속 유니아는 여자다). 둘째, 이 소설 속의 시대상을 읽어감으로써 주후 1세기 이후 기독교인의 상황이 어떠했는지 잘 알 수 있었고, 특별히 유니아가 활동했던 그 시대 박해상황을 어느 정도 잘 이해할 수 있었다. 세 번째, 만약 성경 속의 유니아가 정말 주후 1세기 초대 기독교 공동체의 여자 사도였다면, 그녀의 모습은 이 소설 속에 그려진 유니아의 모습과 비슷했을 것이라는 낭만적 호기심을 가지게 했다. 결국, 이 소설들은 필자에게 성경 속 유니아의 모습을 문학적 관점에서 다시 한 번 자유롭게 상상해 볼 수 있는 낭만적인 기회를 제공해 준 셈이다.

　물론 안타깝게도 이 두 권의 소설 작품은 아직 한글로 번역되지 않았다. 그래서 현재 국내에 널리 소개되지 못한 상황이다. 간절히 소망하기는, 적합한 시기에 이 두 권의 소설도 한글로 번역될 수 있기를 바란다. 그래서 한국의 일반 성도들에게도 소설을 통해 성경 속 유니아의 모습을 문학적으로 상상할 수 있는 기회가 속히 주어지기를 소망한다. 왜냐하면 이 두 소설 작품은 성경 속 유니아의 모습을 문학적 형태 안에서 우리 마음속에 다시 한 번 재현할 수 있는 가장 좋은 통로가 되기 때문이다. 이제부터 필자는 그러한 소망을 가지고 필자가 읽은 소설 속 유니아를 잠시 소개하려 한다.

① Junia: The Fictional Life and Death of an Early Christian (저자: Giesler Michael E) [1)]

이 소설은 기슬러 미셸이라는 작가가 쓴 소설로, 번역하면『유니아: 어느 한 초대교회 기독교인의 삶과 죽음』이라 할 수 있겠다. 작품의 줄거리를 간단히 소개한다.

소설 속에서 유니아는 기독교를 무시하고 경멸하는 로마제국의 하원의원이자 법관인 가이우스Gaius의 딸로 나온다. 그러나 그녀는 자기와 가장 친했던 여자 친구 말시아Marcia가 기독교 신앙 때문에 순교했다는 소식을 듣고 큰 충격에 빠진다. 그 뒤 유니아는 말시아의 하녀였던 시신틸라Scintilla를 통해 말시아가 순교하기 전 유니아 앞으로 남겨놓았던 전도편지를 받아 읽게 된다. 그 편지에는 예수 그리스도를 믿고 기독교인이 되라는 말시아의 간곡한 호소가 들어 있었다. 편지를 읽은 유니아는 깊은 갈등 끝에 밤에 몰래 말시아가 언급한 로마지하교회 카타콤Catacomb을 찾아가 거기서 시신틸라를 다시 만난다. 그 자리에서 유니아는 시신틸라로부터 기독교에 대한 진리의 말씀을 듣고 그 말씀대로 실천하며 사는 기독교인들의 헌신적 삶에 감동을 받는다. 그 영향으로 유니아는 바로 세례를 받고 정말 헌신적으로 기독교의 사랑을 실천하며 살아간다. 그러자 문제가 생긴다. 유니아 아버지의 출세를 싫어하는 반대세력들이 유니아가 기독

---

1) Giesler Michael E. *Junia: The Fictional Life and Death of an Early Christian*. New York: Scepter Publishers, Inc., 2002.

교인이라는 점을 약점으로 잡아 아버지와 가정을 로마황제에게 고발한 것이다. 유니아 한 사람으로 말미암아 한 가정이 완전히 위험에 빠졌다. 그러나 유니아는 온 가정과 미래 약혼자의 설득에도 불구하고 자신의 신앙을 버리지 않고 결국 많은 사람들이 모인 원형 경기장 안에서 순교한다.[2]

② Junia: Woman Apostle-Only a Girl

(저자: Wanda Vassallo) [3]

이 소설은 미국의 여류 신앙소설 작가인 완다 바살로 박사가 쓴 소설로, 번역하면 『유니아: 여자 사도』라 할 수 있겠다. 작품의 줄거리를 간단히 소개한다.

유니아는 갈릴리 지역의 어부인 아버지 토비아스Tobias와 어머니 애나Anna사이에서 태어난 유대 여자이다. 원래 딸 하나밖에 없던 토비아스는 유니아를 아들처럼 키웠다. 그래서 토비아는 유니아에게 그물 깁는 법도 가르치고 직접 고기잡이에도 데려간다. 토비아의 남동생 자단Jathan에게는 가디Gaddi라는 아들이 있다. 그는 남자이기 때문에 모든 면에서 사촌 여자인 유니아보다 많은 사회적 학문적 경

---

2) 이 소설 속의 유니아는 성경 속의 유니아가 아닐 가능성이 더 크다. 왜냐하면, 소설에서는 시기적으로 바울이 로마서를 쓴 이후에 유니아가 기독교인이 된 것으로 나타난다. 그리고 이 소설 속의 유니아는 바울을 만난 경험이 없다. 때문에 이 소설은 소설 속의 유니아가 성경 속의 유니아와 동일인물이 아닐 수 있다는 아쉬움을 주기는 했다. 이 사실에 대해서는 다음을 참고하라. Ibid., 69, 95, 114.

3) Wanda Vassallo, *Junia: Woman Apostle-Only a Girl*. Alachua, Florida: Bridge Logos, 2013.

제적 혜택을 누렸다. 어렸을 때부터 유니아는 늘 그것이 못마땅했다. 그래서 유니아는 아버지가 자신을 아들처럼 키우는 것을 나름대로 기뻐했다. 그러면서 유니아는 몰래 글공부도 하고 남자들이 경험하는 어부살이의 고통과 풍랑, 그리고 죽을 고비까지 넘기는 경험을 한다.

그러던 중 토비아스가 드디어 아들 요나단Jonathan을 낳게 된다. 유니아는 자신의 남동생 요나단을 무척 사랑하고 아꼈다. 그런데 유니아가 11살이 되고 남동생 요나단이 4살이 되었을 때 유니아는 장터에서 요나단과 놀다가 요나단을 잃어버렸다. 유니아는 남동생을 찾아 돌아다니다가 남동생이 한 낯선 남자 무리들 사이에 잡혀 있는 것을 발견하게 된다. 한가운데 있던 남자가 요나단을 잡고 그를 위해 기도하더니 "천국이 이런 어린아이의 것이다"라는 선포를 한다. 그런데 그 낯선 남자가 유니아를 보고 그녀의 이름을 부른다. 그러면서 그는 유니아에게 "하나님께서 너를 특별하게 사용하실 것이다"라는 소명을 전달한다. 그 말이 유니아에게 매우 강하게 다가왔다.

이 사건 뒤 유니아는 그 남자의 이름이 예수임을 알게 되고 그 주변에 그와 함께 있던 남자들은 아버지 토비아스의 친구인 베드로, 안드레, 요한임을 알게 된다. 토비아스는 유니아가 예수라는 낯선 남자에게 이상한 소명을 받았다는 이야기를 듣고 유니아에게 경고와 주의를 준 후 친구 베드로와 안드레를 찾아가 자기 딸이 만난 예수에 대해 묻는다. 베드로는 자신이 경험한 신비한 기적과 표적들을 알려주며 토비아스에게 자신은 그의 제자가 되었고 예수가 메시아임을 주장한다.

그 뒤부터 유니아의 가족은 예수에 대한 소문을 많이 듣게 되고 그가 행하는 여러 가지 기적과 병 고침을 두 눈으로 직접 목격하게 된다. 심지어 랍비 티르자Tirzah가 회당에 예수를 초대하여 이사야의 예언서를 읽게 하고, 급기야 예수님이 죽은 나사로까지 살려내자 토비아스는 예수라는 청년이 정말 이스라엘이 기다리던 정치적 메시아이고 군사적 메시아임을 기대하게 된다. 그래서 토비아스는 동생 자단과 함께 열심당원의 일원이 되고 예수를 대장으로 삼아 무력으로 로마를 정복하겠다는 계획을 세운다. 그 과정에서 유니아는 계속해서 예수님과 교제했고, 막달라 마리아와 같은 여자 제자들과도 어울리게 된다. 그리고 유니아는 예수님이 자신의 아버지 토비아스가 기대하는 그런 형태의 메시아가 아님을 깨닫는다.

유니아 가족은 아들 요나단의 성인식 행사를 위해 예루살렘으로 여행한다. 이 과정에서 유니아는 올리브 산에서 하룻밤을 보내며 꿈을 꾼다. 자기가 키 큰 한 남자와 감옥에 투옥되는 꿈이었다. 유니아는 꿈에 대한 확실한 해답을 얻지 못한 채 기도하며 예루살렘 여행을 마치고 갈릴리로 다시 돌아온다.

유니아가 결혼할 나이가 되가 가족들은 유니아를 사촌

남자인 가디와 혼인시키려 한다. 그러나 유니아는 예수님께 받은 소명을 이루기 위해 약혼식 바로 전날 밤 편지 한 장을 남겨 놓고 집을 떠나 도망친다. 그 뒤부터 유니아는 남자로 변장을 하고 아버지 토비아스의 오랜 친구이자 낙타 상인인 안드로니고의 낙타몰이 소년으로 생활한다. 안드로니고와 유니아는 그 전에 이미 만난 적이 있었다. 안드로니고는 은근히 친구 토비아스의 딸인 유니아에게 호감을 지니고 있었다. 그러나 그는 유니아가 사촌 남자와 혼인한다는 소식을 듣고 실망한 뒤 다시 장사하러 떠나는 길이었다. 당연히 그는 남자로 변장한 유니아를 알아보지 못했다. 그 뒤부터 유니아는 안드로니고의 조수로 함께 일하면서 예루살렘에서 다시 예수님을 만나게 된다. 이때 유니아는 예수님의 성전숙청사건과 가롯 유다와 베드로의 배신, 예수님의 십자가 죽음, 그리고 부활까지 다른 제자들(여자 제자들도 함께)과 함께 목격하게 된다.

이후 안드로니고는 예루살렘에 올라왔던 친구 토비아스와 이야기하다가 딸의 실종사건을 듣게 되고, 몇 가지 사건을 통해 자신이 데리고 있는 소년이 남자로 변장한 유니아임을 드디어 알게 된다. 예루살렘과 갈릴리 지역을 오가며 노력한 안드로니고의 중재로 유니아와 토비아스는 다시 만나게 된다. 이 때 토비아스와 안드로니고는 이미 기독교인이 되어 있었다. 왜냐하면 그들은 예루살렘에 왔다가 십자가에서 죽는 예수를 보고 매우 실망했는데, 갈릴리에서 죽은 예수님이 다시 살아서 자신의 친구 베드로 앞에 나타난 장면을 직접 봤기 때문이다.

　이후부터 유니아의 가족은 기독교 가정이 되었고, 예수님의 예언을 따라 예루살렘 마가의 다락방에서 기도하던 중 성령충만을 입게 된다. 이때 유니아는 과거 자신이 올리브 산에서 꾸었던 꿈속의 키 큰 남자가 안드로니고였음을 깨닫게 되고 그것이 하나님의 뜻임을 확신하게 되자 그에게 먼저 청혼한다. 오래전부터 유니아를 좋아했던 안드로니고는 그 청혼을 받아들이고 토비아스의 허락을 받아 결혼식을 올린다. 이렇게 안드로니고와 유니아는 부부가 되었고, 둘은 그 뒤부터 부부 선교사가 되어 선교사역을 통해 복음을 전파한다. 그러던 중 두 사람은 다메섹 지역에서 복음 선교사역을 하다가 감옥에 갇혔으나 밤중에 나타난 천사의 도움으로 감옥에서 탈출하게 된다. 유니아는 이 모든 것이 자신이 올리브 산에서 꾸었던 꿈의 성취임을 깨닫고 놀라며 기뻐한다.

　다메섹 감옥에서 탈출한 후 안드로니고와 유니아는 아나니아의 집에 머물게 된다. 그리고 그곳에서 안드로니고와 유니아는 스데반 집사를 죽일 정도로 강하게 기독교를 핍박했던 바울을 만날 기회를 얻게 된다. 그 어간에 바울은 다메섹 언덕에서 예수님을 만나 쓰러졌으며 아나니아의 안수를 받고 정신을 차린 뒤 아나니아의 집에 머물게 된 것이다. 안드로니고와 유니아는 이때 바울과 처음 만나서 서로의 신앙 간증을 나눈다. 모든 것을 다시 회복한 바울은 회당에서 복음을 전파하다 생명의 위협을 느끼게 되고 아나니아를 비롯한 안드로니고와 유니아의 도움으로 탈출한 뒤 훗날 다시 만날 것을 기약하며 다른 장소로 떠난다.

얼마간의 시간이 흐른 뒤 바울은 바나바의 중재와 초대로 안디옥 교회에서 이방 선교사역을 펼치게 되고, 그 과정에서 선교사역에 헌신하고 있던 안드로니고와 유니아를 안디옥 교회로 초대해서 두 사람을 필라델피아 지역 복음 선교사로 파송한다. 이때 바울은 안드로니고와 유니아를 사도라 부르며 그들을 하나님의 이름으로 파송한다.

2. 성경 속의 유니아

그러하면, 대체 성경 속의 유니아는 누구인가? 성경은 유니아에 대해 다음과 같이 짧은 한 문장으로 소개하고 있다.

> 내 친척이요 나와 함께 갇혔던 안드로니고와 유니아에게 문안하라 그들은 사도들에게 존중히 여겨지고 또한 나보다 먼저 그리스도 안에 있는 자라 (롬 16:7/개역개정)

아주 짧고 간단한 한 절의 말씀이다. 그리고 유일한 말씀이다. 그러나 나이는 숫자에 불과하듯이, 언급 횟수 또한 숫자에 불과하다. 왜냐하면 이 말씀은 유일한 한 절의 말씀이지만, 그 가치는 매우 크기 때문이다. 그럼 지금부터 이 짧으면서도 유일한 구절인 로마서 16장 7절의 말씀에 의지하여 과연 유니아가 어떤 사람이었는지 한 번 추적해 보자. 기본적으로, 이 한 절의 말씀은 우리에게 유니아에 대한 총 여섯 가지 정보를 준다.

① 유니아는 여자로서 안드로니고의 아내였다.
"안드로니고와 유니아"(Ἀνδρόνικον καὶ Ἰουνιᾶν)

둘은 어떤 사이일까? 결론부터 말하면, 둘은 부부사이일 가능성이 매우 크다. 이것을 증명하기 위해서는 일단 유니아가 여자였다는 점이 입증되어야 한다. 사실상, 예전부터 라틴어식 이름 유니아가 남성이름인지 아니면 여성이름인지 항상 문제가 되어왔다. 그래서 많은 사람들이 고대 문헌을 읽으며 이 문제를 놓고 연구를 거듭했었다. 그 결과, 주후 1세기에 유니아라는 이름은 여자들에게 붙여진 흔한 이름 중 하나였음이 밝혀졌다.[4] 또한 헬라어를 자기 언어로 사용하는 고대 교부들의 글 속에서도 유니아를 여성이름으로 소개할 정도였다. 대표적인 예로, 크리소스톰John Chrysostom, 암브로시아스터, 히에로니무스이다.[5] 그래서 브랜디스 대학Brandeis University의 벌나뎃 브루텐Bernadette Brooten 교수는 다음과 같이 결론 내렸다.

---

4) R. S. Cervin, "A Note regarding the Name 'Junia(s)' in Romans 16.7," *New Testament Studies* 40 (1994): 464-70.

5) Garry Wills, *What Paul Meant* (New York: Penguin Books, 2006), 91.

유니아라는 이름을 남성형으로 인정함에 있어 세 가지 강한 반론이 있다. 첫째: 초대교회 문서들이 그 이름을 여자 이름으로 해석하고 있다. 둘째: 유니아는 라틴어 이름인데 원래 이런 라틴어 이름은 헬라어로 변형될 때 유니아스가 되지 않는다. 셋째: 고대에 유니아라는 이름은 항상 여자이름으로 발견된다.[6]

그러나 이러한 사실을 반대하는 쪽에서는 유니아를 고집스럽게 여자가 아닌 남자로 간주해왔다. 그래서 그들은 집요하게 유니아가 안드로니고의 종이거나 아니면 형제임을 주장했었다.[7] 더 나아가 유니아Junia를 남자 이름인 유니아스Junias의 또 다른 변형내지는 축약이라 주장하곤 했다.[8] 그래서인지, 아직도 영어 성경 중에는 유니아(Junia: KJV, NRSV, REB)를 유니아스(Junias: NIV, RSV, NASB, TEV, NJB)로 표기하고 있는 것을 종종 볼 수 있는데, 그것은 이런 반대자들의 의견에 동조된 사람들이 반복적으로 만들어낸 결과로 볼 수 있다.[9]

---

6) Rena Pederson, *the Lost Apostle: Searching for the Truth About Junia* (San Francisco, CA: Jossey-Bass, 2006), 23.

7) Susan T. Foh, "A Male Leadership View," in *Women in Ministry*, ed., by Bonnidell Clouse & Robert G. Glouse (Downers Grove, Illinois: Inter Varsity Press, 1989), 79, 103.

8) Boice, James Montgomery. *Romans 12-16*. Vol. 4 (Grand Rapids, Michigan: Baker Book House Co, 1995), 1922.

9) William Sanday & Arthur Headlam, *A Critical and Exegetical Commentary on The Epistle to the Romans* (Edinburgh: T & T Clark, 1971), 422.

그러나 결국 그들의 연구결과도 유니아스라는 남자이름이 그런 식으로 사용되었다는 그 어떤 고대증거도 없음을 보여주었다. 확인 결과, 문학작품에도, 인명목록에도, 파피루스 사본에도, 비문碑文에도 유니아스라는 이름은 전혀 발견되지 않았다.[10] 따라서, 오늘날 현재 유니아가 남자이며 유니아스는 그 이름의 축약이라는 이론을 따르는 사람은 거의 없다.[11] 때문에 최근 그들은 유니아라는 이름의 여성형태를 인정하고 다만 유니아의 여사도성만 부정하는 입장으로 그 태도를 바꾼 상태다. 다시 말하자면, 그들도 결국에는 유니아가 여자였음은 인정한 셈이다.[12] 그래서 크레그 키너 Craig S. Keener 교수와 소망교회 김지철 목사(前, 장신대 신약학 교수)는 다음과 같이 주장했다.

> 유니아는 로마의 시민임을 나타내려는 라틴어의 중간 이름이다. 유니아를 유니아누스라는 남성형의 축양형으로 보려는 여러 가지 시도가 있으나 그러한 형태는 그 당시 로마에서 발견되지 않는다. 그래서 고대 헬라 사람들은 유니아를 여자로 인정했다. 유니아와 안드로니고가 특별한 스캔들이나 소문 없이 같이 다닐 수 있다는 것과 그리고 당시에는

---

10) J. Thorley, "Junia, A Woman Apostle," *Novum Testament* 38 (1996): 18-29.

11) Daniel Wallace, *Junia Among the Apostle: The Double Identification Problem in Romans 16: 7* (http:// www. bible. org).

12) Thomas R. Schreiner, *Paul: Apostle of God's Glory in Christ* (Downers Grove, IL: InterVarsity Press, 2001), 400-1.

독신생활이 흔치 않았다는 점을 고려해 볼 때 두 사람은 부부사이였음이 틀림없다.[13]

헬라 본문에 유니아는 목적격인 IOYNIAN으로 되어 있다. 액센트가 없이 쓰였기 때문에 본문비평적으로는 두 가지 가능성이 다 있다. ……첫 음절에 강세를 두면 여성 유니아로, 마지막 음절에 강세를 두면 남성 유니아스가 된다. ……따라서 유니아의 성을 남성으로 오해할 수밖에 없다. 그러나 최근에는 이러한 해석이 역사적으로나 주석적으로 지속될 수 없다고 생각하고 있다. 고대 문헌에 남성이름으로서의 Junias에 대한 증거가 나타나고 있지 않기 때문이다. 오히려 여인 이름인 Junia가 흔한 이름으로 자주 쓰였음이 문헌들을 통해 증명되고 있다. 따라서 유니아는 안드로니고의 아내로 추정된다.[14]

그러므로 유니아는 여자였으며, 당연히 안드로니고의 부인이었을 가능성이 크다. 그리고 이것은 1970년대 이후부터 오늘날 21세기까지 거의 의심 없이 받아들여지고 있다.[15] 이것은 마치 바울이 그 앞 절에서 부부사이인 브리스가와 아굴라의 이름을 나란히 같이 기록하여 소개한 것과

---

13) Craig S. Keener, *The IVP Bible Background Commentary: New Testament* (Downers Grove, IL: InterVarsity Press, 1993), 447-8.

14) 유니아(롬 16:7) 김지철, "바울과 여성 선교 동역자들", http://www.jcsoon.pe.kr/논문모음/여성선교동역자들.htm (2008년 1월 14일)

15) John Dominic Crossan and Jonathan L. Reed, *In Search of Paul* (New York: HarperSanFrancisco, 2004), 115.

똑같은 구조이다(롬 16:3). 결국, 유니아는 여자였고 특별히 안드로니고의 아내였음이 확실해진다.[16]

② 유니아는 바울보다 먼저 기독교인이 된 여자였다.
"나보다 먼저 그리스도 안에 있는 자라."
(οἳ καὶ πρὸ ἐμοῦ γέγοναν ἐν Χριστῷ)

이 말은 바울이 예수님을 구세주로 믿기 이전에 이미 유니아가 바울보다 먼저 예수님을 믿은 기독교인이었음을 의미한다. 즉, 유니아는 바울이 다메섹 언덕에서 예수 그리스도를 만나 부름을 받기 훨씬 이전에 이미 예수 그리스도를 믿고 있었던 여자였다는 뜻이다. 물론, 그 정확한 시기와 때가 언제였는지는 아무도 모른다. 감히 추측하기는, 유니아는 오순절 성령강림 때 예수님을 믿었을 수도 있고, 또는 심지어 그 훨씬 이전에라도 예수님 살아계실 때에 함께 예수님을 믿고 따르던 여러 제자들 중 하나였을 가능성도 충분히 있다. 더 나아가, 부활하신 예수님의 모습을 훗날 직접 눈으로 목격하고 부활 후 모임을 가진 첫 기독교 공동체의 일원이었을 가능성도 배제할 수 없다.[17] 물론, 이 부분에 있어 일단 성경이 침묵하고 있기에 확실한 선언은 할 수 없으나, 한 가지는 분명하다. 유니아가 사도 바울보다 먼저 기독

---

16) Rena Pederson, *the Lost Apostle: Searching for the Truth About Junia*, 192.

17) Don Williams, *The Apostle Paul and Women in the Church*. 김이봉 옮김, 『바울과 女性』(서울: 기독교문사, 1982), 53-54.

교인이 된 여자라는 사실이다.

③ 유니아는 바울의 친척이었다.

"내 친척이요." (τοὺς συγγενεῖς μου)

바울은 유니아를 자신의 친척이라고 소개한다. 이때 친척이라는 말은 헬라어로 "슁게네스(συγγενεῖς)"인데, 문장의 흐름에 따라 크게 두 가지 의미로 사용된다. 첫째는 친족親族으로 직접적인 혈연관계를 가진 사람이며, 둘째는 같은 유대인으로 같은 지파 출신이라는 뜻이다. 흔히 우리 한국에서 말하는 종친宗親이나 종씨宗氏를 의미한다. 즉, 안산김씨, 안동김씨, 김해김씨 등과 같은 친척 관념이다. 그러므로 바울이 유니아를 자신의 친척이라고 말할 때, 그것은 적어도 두 가지 방향의 해석이 모두 가능하다. 첫째는 바울과 진짜 가까운 피를 나눈 친족이라는 뜻이고, 둘째는 바울과 같은 베냐민 지파 출신이라는 뜻이다(빌 3:5).

하지만 필자 개인의 생각으로는 바울이 여기서 유니아를 친척이라 부른 것은 같은 지파 출신임을 나타내기 위함이라고 생각한다. 그렇게 생각하는 이유는 두 가지이다. 첫째 이유는 로마서 16장에 이 '친척'이라는 단어가 여러 번 나오기 때문이다. 찾아보면, 11절의 헤로디온, 21절의 누기오, 야손, 소시바더이다. 과연 바울의 친척이 정말 로마 교회에 그렇게 집단적으로 있었을지 의문스럽다. 물론 그렇게 있을 수도 있다. 왜냐하면 주후 1세기의 교회는 가정교회 형태의 교회였기 때문에 서로 친족들 중심의 교회가 될 수도 있다. 하지만 필자는 개인적으로 그러한 우연성을 배제하고 이것을 그저 같은 지파출신에 대한 언급으로 인정하고 싶다.

둘째 이유는 "만약 바울이 다메섹 언덕에서 예수님께 부름받기 이전에 자기 주변 친척들 중 예수님을 믿는 사람들이 있었다면 그가 왜 가만 두었을까?"라는 의문 때문이다. 만약 유니아가 사도 바울과 진짜 피를 나눈 혈연의 친척이라면, 바울은 그가 기독교인을 박해하고 있을 때 엉뚱하게도(?) 정작 바울의 친척은 죽이지 않고 가만히 보호했다는 약간 납득하기 힘든 결론이 도출된다.[18] 그렇게 철두철미한 바울이 정작 자기 친척은 그냥 놔두고 다른 사람들부터 핍박했다는 말인가? 그 정도로 형평성이 없었을까? 아마 그것은 아닐 것이다.

바로 이 두 가지 이유 때문에 필자는 바울이 여기서 친척이라는 표현을 썼을 때 이것은 같은 피를 나눈 친척이 아닌 같은 지파사람임을 의미할 가능성이 더 크다고 생각한다. 어쨌든, 일단 여기서 우리는 일단 유니아가 바울과는 상당히 혈연적으로 가까운 연결점을 지닌 여자였음을 알 수 있다.[19]

---

18) F. F. Bruce, *Paul: Apostle of the Heart Set Free* (Grand Rapids, Michigan: Wm. B. Eerdmans Publishing Co, 1998), 388.

19) Warren W. Wiersbe, *Be Right: Romans* (Illinois: Victor Books, 1983), 173.

④ 유니아는 바울과 함께 감옥에 갇혔던 여자였다.

"나와 함께 갇혔던"(καὶ συναιχμαλώτους μου)

어디에 함께 갇혔다는 말일까?

첫째, 실제 감옥일 가능성이 가장 크다. 바울은 이미 로마서를 쓰기 이전에, 즉 3차 전도여행을 마감하기 이전에 (주후 56-57년) 수차례 감옥에 갇힌 적이 있었다. 이것은 사도 바울 자신의 고백을 통하여서도 증명된다(고후 11장 23절). 그리고 이와 비슷한 표현이 빌레몬서 23절의 에바브라와 골로새서 4장 10절의 아리스다고를 소개할 때도 동일하게 쓰였다. 이로 볼 때 우리는 유니아가 바울과 함께 실제로 감옥에 갇혔다는 추정을 감히 해볼 수 있다. 만약 이것이 사실이라면, 유니아는 연약한 여자의 몸으로 남자도 견디기 힘든 옥중생활을 바울과 함께한 여자가 된다.[20]

둘째, 바울의 감옥생활을 밖에서 도왔을 가능성이다. 이 경우 유니아는 바울과 함께 실제 감옥에 갇힌 것은 아니다. 왜냐하면 그 당시 문화적 배경으로 볼 때 여자는 감옥에 집어넣지 않았다는 주장도 있기 때문이며, 빌레몬서와 골로새서가 로마서와 같은 시기에 쓰이지 않았기 때문이다(빌레몬서와 골로새서는 같은 시기에 쓰였으며 둘 다 로마서 보다 훨씬 더 늦게 쓰였다). 그럴 경우, 유니아는 바울과 감옥에서 같이 생활은 안 했더라도 최소한 평민이나 포로의 모

---

[20] Matthew Henry, *Matthew Henry's Commentary Vol. 6* (Hendrickson Publishers, Inc, 1991), 402.

습으로 바울의 옥중생활을 돕는 '옥바라지'로 봉사했다고 볼 수 있다.

셋째, 감옥과 같은 물리적인 장소가 아닌 예수 그리스도에게 잡힌바 되었다는 영적인 면에서의 갇힌 자를 의미했을 가능성이다. 그러나 이것은 매우 그 가능성이 희박하다. 왜냐하면 바울은 "나와 함께 갇혔다"라는 표현을 로마서 16장에서 오로지 안드로니고와 유니아에게만 쓰고 있기 때문이다. 만약 영적인 의미에서의 붙잡힌 바를 뜻하는 갇힘을 의미한다면, 유니아에게만 이 표현을 사용할 이유는 없을 것 같다.

결론적으로, "나와 함께 갇혔던"이라는 바울의 표현은 상황이야 어떻든 유니아가 분명히 바울의 감옥생활과 깊은 연관이 있는 여자임을 암시한다. 한 가지 확실한 것은 유니아가 바울의 감옥생활에 어떤 형태로든 함께 동참했다는 사실이다.

⑤ 유니아는 여자 사도였다.
"사도들에게 존중히 여겨지고"
(ἐπίσημοι ἐν τοῖς ἀποστόλοις)

이 구절은 로마서 16장 7절을 해석하고 번역함에 있어 학자들이 가장 풀기 어려워했던 그리스-로마 전설 속의 '고르디우스의 매듭Gordian knot'과 같은 구절이었다. 물론 아직도 그 논쟁은 계속 현재진행형이다. 그러나 필자는 여기서 과거 알렉산더 대제大帝가 그 매듭을 한 칼에 잘라 풀었듯이 이 구절의 오래된 논쟁의 매듭도 시원하게 풀어내려고 한다.

이 구절의 헬라어 원문발음은 "episemoi en tois apostolois(엔피세모이 엔 토이스 아포스톨로이스)"이다. 그런데, 여기서 "ἐν(엔)"(발음표기-en)이라는 전치사를 어떻게 해석하고 번역하느냐가 매우 중요하다. 왜냐하면 이 전치사의 번역상황에 따라 문장전체의 의미가 완전히 달라지기 때문이다. 정확히 말해서, 그 전치사의 해석에 따라 안드로니고와 유니아의 위격位格이 완전히 달라진다.[21]

그렇다면, 이 문제의 전치사 ἐν을 어떻게 해석하고 번역해야할까?

이 질문에 대한 필자의 개인적 대답은 이렇다. 바울이 헬라어 전치사 ἐν을 사용할 때마다 그가 의도했던 전치사의 공통된 의미가 무엇인지를 잘 추적하면 이 질문에 대한 해답을 쉽게 찾을 수 있다. 분명히 바울은 똑같은 전치사 ἐν을 똑같은 의도와 동일한 의미를 나타내기 위해 사용했을 것이다. 그럼 지금부터 문제의 전치사 ἐν을 추적해보자. 그리고 바울이 전치사 ἐν을 쓸 때마다 그가 그 전치사를 통해 의도했던 주요의미가 무엇이었는지 추적해보자. 그러다보면, 전치사 ἐν이라는 문제의 고르디우스 매듭은 우리 손 안에서

---

21) F. F. Bruce, *Romans* (Grand Rapids, Michigan: Derdmans, 2003), 258.

아주 자연스럽게 풀려질 것이다.

　문법적으로, 헬라어 전치사 ἐν은 문장에 따라 매우 다양하게 번역될 수 있는데, 크게 두 가지 번역이 가능하다. 첫째는, "…에게서to" 또는 "…의하여by"로 번역되는 경우이고, 둘째는 "…안에서in" 또는 "…사이에서among"로 번역되는 경우다. 첫 번째 경우와 같이 ἐν을 "…에게서" 또는 "…의하여"로 번역할 경우, 본문에서 안드로니고와 유니아는 사도들에 의해 칭찬받고 인정받으며 사도들 사이에 잘 알려진 단순한 교회의 일꾼으로 해석된다. 그러나 두 번째 경우와 같이 ἐν을 "…안에서" 또는 "…사이에서"로 번역할 경우 그때의 상황은 완전히 달라진다. 왜냐하면 이땐 이미 안드로니고와 유니아가 더 이상 일반인이 아닌 "사도들 안에서 뛰어난 사람들"이 되기 때문이다. 이때 두 사람은 사도 그 자체가 된다. 더 나아가, 두 사람은 사도들 안에서 뛰어나다고 인정받고 존경받는 사도 중의 사도가 된다.[22] 그 앞에 쓰인 "ἐπίσημοι"(에피세모이-episemoi)는 "뛰어난 outstanding"이라는 뜻을 지닌 형용사인데, 전치사 ἐν을 "…안에서" 또는 "…사이에서"로 번역할 경우, 당연히 위와 같은 번역결과가 나온다. 이렇게 될 경우, 결국 안드로니고의 부인인 유니아는 여자로서 주후 1세기 로마서를 통해 바울에 의해 사도라 불린 기록상 최초의 여자 사도가 되는 셈이

---

22) R. S. Cervin, "A Note regarding the Name 'Junia(s)' in Romans 16.7," *New Testament Studies* 40 (1994): 464-70.

다.[23]

그래서 지금까지 이 문제의 전치사 ἐν을 어떻게 번역해야 하는지 많은 신학자들(특별히 신약성서학자들) 사이에서 적지 않은 논쟁이 있어왔다. 당연히 주후 1세기 여자 사도의 존재성을 부정하는 사람들은 "ἐν을 "…에게서" 또는 …의하여"로 해석해야 한다고 주장했으며, 그 반대쪽은 "…안에서" 또는 "…사이에서"로 해석해야 한다고 반론을 제기했다.[24] 물론 지금도 이 논쟁은 계속 진행되고 있으나 오늘날 건전한 학풍學風을 가진 모든 학자들은 아래와 같은 결론을 내리고 있다.

> 문제의 전치사 ἐν은 "…에게서" 또는 "…의하여"가 아닌 "…사이에" 또는 "…안에서"로 해석되어야 한다. 왜냐하면 그것이 바로 바울이 원래 의도했던 바이기 때문이다.[25]

---

23) N. T. Wright, *Paul for Everyone: Romans, Part Two* (Louisville, Ky: Westminster/John Knox Press, 2004), 134.

24) 이 논쟁의 기나긴 역사를 이 책에서 자세히 설명하고 분석하는 것은 꼭 필요한 작업이다. 그러나 그 내용은 전문적인 신학적 지식뿐만 아니라 헬라어 원문과 그 문장에 대한 기본 선행학습을 경험한 사람만이 이해할 수 있는 난해(難解)한 것이다. 그래서 여기서는 다만 그 논쟁의 결과가 어떻게 되었는지 언급하고 관련 참고서적을 소개하는 것으로 만족하려 한다. 소개하려는 책은 로마서 16장 7절의 유니아를 해석함에 있어 이때까지 발생되었던 헬라어 원문 해석논쟁과정과 그 결과를 매우 잘 분석하고 있다. 물론 아래 책의 저자는 그러한 분석을 통해 유니아가 1세기 바울이 인정한 여자 사도였음을 주장한다. 참고하라. Eldon J Epp, *Junia: The First Woman Apostle* (Minneapolis, MN: Augsburg Fortress, 2005), 32-39, 60-66, 79-81.

25) Rena Pederson, *the Lost Apostle: Searching for the Truth About Junia*, 39.

그렇다면 과연 ἐν이라는 전치사를 통해 바울이 원래 의도했던 바는 무엇인가? 그것은 바울이 쓴 서신들을 통해 확실히 증명된다. 문제의 ἐν이라는 전치사는 바울 서신을 통해 매우 자주 나타나는 표현으로, 바울만의 독특한 문구이며 그가 매우 즐겨 사용하는 전치사다. 그래서 바울서신에 있어 전치사 ἐν의 용례는 매우 확실하며 일관되게 명백하다. 바울은 항상 이 전치사를 사용할 때 어김없이 "…에게서" 또는 "…의하여"가 아닌 "…안에서" 또는 "…사이에"라는 의미로 사용했었다. 이 사실에 대해 영국 더럼 대학교 University of Durham의 제임스 던James D. G. Dunn 교수는 다음과 같이 설명했다.

> '엔 크리스토(en Christo - ἐν Χριστῷ-필자 주)'라는 문구는 바울 서신에서 총 83번 언급되는데(에베소서와 목회서신을 제외한다면 61번 나온다)……이 문구는 항상 "그리스도 안에서" 또는 "그리스도 예수 안에서"라는 형태를 가진다. 좀 더 흥미로운 사실은 데살로니가 서신들에서만큼은 "주 예수 그리스도 안에서"라는 형태로 표기되었는데, 아마 좀 더 격식에 맞추기 위한 초기용례일 것이다. 그리고 유일하게도 목회서신들에서는 "그리스도 예수 안에서"라고 되어 있다. 이런 경우를 제외하고 이 문구(ἐν-필자 주)는 바울 서신 전체에서 사용되고 있다. 더욱더 충격적인 것은 이 문구가 바울서신에만 나타나는 아주 독특한 문구라는 점이다. 바울 서신 이외의 다른 곳에서는 이 문구가 등장하는 경우

는 베드로 서신뿐이다. ……이와 더불어 우리는 또한 바울만이 사용한 특유한 다른 문구를 발견할 수 있는데 그것은 '엔 퀴리오(en Kyrio)'라는 문구다. 보통 "주 안에서"라고 번역된다. 이 표현은 47번 사용된다(에베소서를 제외하면 39번). ……이 모든 사실을 정리해 볼 때, 우리는 이러한 문구가 바울신학에서만 볼 수 있는 독특한 것들임을 알 수 있다.[26]

여기서 제임스 던 교수는 아주 확신 있게 주장한다. 바울에게 있어 "ἐν"이라는 전치사는 바울만의 고유한 표현으로 여겨질 정도로 그가 매우 즐겨 사용한 전치사며, 그 번역은 항상 "…에게서" 또는 "…의하여"가 아닌 "…안에서" 또는 "…사이에"라는 점이다. 이 사실에 대해 영국의 유명한 신약학 교수였던 윌리엄 바클레이William Barclay 박사도 동일한 주장을 했다.

> 글을 많이 쓰거나 또는 말을 많이 하는 사람들에게는 누구나 그들이 즐겨 사용하는 문구가 있기 마련이다. ……바울도 마찬가지인데, 그것은 바로 "그리스도 안에서in Christ"이다. ……이 문구는 바울 신학의 핵심이라기보다는 모든 종교의 요약이라 할 수 있다.[27]

---

26) James D. G. Dunn, *The Theology of Paul the Apostle* (Grand Rapids, Michigan: William B. Eerdmans Publishing Company, 1998), 396-97.

27) William Barclay, *The Mind of St. Paul* (New York: Harper & Brothers

로마서 16장은 이런 점에서 특별한 교훈을 담고 있다고 할 수 있다. 16장에서 그리스도 안에서라는 말이 15절까지 9번이나 사용된다. ……안드로니고와 유니아는 바울보다 먼저 그리스도 안에 있던 자였다(7절).[28]

그 모든 문제들은 한 번에 간단히 설명할 수 있는 방법이 있다. 바로 엔 크리스토(en Christo - ἐν Χριστῷ–필자 주)라는 말이다. 고대 헬라어에서 "엔(en)"이라는 말은 "안에 in"를 의미한다.……엔 크리스토라는 말을 이런 의미로 이해할 때, 많은 경우와 같이, 우리에게 아주 확실하고 정확한 의미를 제공한다.[29]

윌리암 바클레이의 주장도 마찬가지다. 그 또한 그리스도 안에서(en Christo - ἐν Χριστῷ)라는 표현이 바울의 전매특허 문구임을 주장하며, 이때 쓰인 ἐν이라는 전치사는 예외 없이 "…안에서" 또는 "…사이에"로 해석되었음을 재확인시키고 있다.

그러므로 로마서 16장 7절에 사용된 ἐν도 당연히 이와 동일한 맥락에서 해석되고 번역되어야 한다. 사실상 현재 우리가 추적하고 있는 로마서 16장 7절은 매우 짧은 한 절의 말씀이다. 그런데 그 짧은 한 절의 말씀 속에 ἐν이라는

Publishers, 1985), 121.
28) Ibid., 125.
29) Ibid., 127.

전치사가 두 번이나 사용되었다. 보다 정확한 확인을 위해 헬라어 원문을 한 번 인용해 본다.

> ἀσπάσασθε Ἀνδρόνικον καὶ Ἰουνιᾶν τοὺς συγγενεῖς μου καὶ συναιχμαλώτους μου, οἵτινές εἰσιν ἐπίσημοι <u>ἐν τοῖς ἀποστόλοις</u>, οἳ καὶ πρὸ ἐμοῦ γέγοναν <u>ἐν Χριστῷ</u>.
>
> 〈Greek New Testament: Byzantine /Majority Text (2000)〉

위에 인용된 헬라어 원문에서 밑줄 친 두 부분은 전치사 ἐν이 두 번 사용된 부분이다. 마지막에 나온 두 번째 ἐν Χριστῷ (엔 크리스토)가 "그리스도 안에서"로 번역되었다. 그렇다면, 첫 번째 ἐν τοῖς ἀποστόλοις, (엔 토이스 아포스톨로이스)도 동일하게 "사도들 안에서"로 번역되어야 한다. 왜냐하면 그것이 본래 바울의 의도와 일치하기 때문이다.

생각해보라! 바울은 항상 전치사 ἐν을 항상 "…안에서" 또는 "…사이에"의 뜻으로 사용했었다. 그것도 마치 자기만의 전매특허인 것처럼 즐겨 사용했었다. 그런데, 그랬던 그가 이처럼 짧은 한 절의 말씀 속에서 동일한 전치사를 서로 다른 뜻을 나타내기 위한 의도로 두 번씩이나 똑같이 반복해서 사용할 이유는 없었을 것 같다. 바울이 그 만큼 이상한 사람은 아니다. 상식적으로 생각해도 그런 경우는 전혀 없을 것이다. 그래서 브리스톨 대학University of Bristol의 존

지슬러John Ziesler 교수는 바울이 로마서 16장 7절을 통해 사용한 ἐν 전치사와 관련하여 다음과 같이 결론을 내렸다.

> 저희는 사도에게 유명히 여김을 받고(7절): 우리는 오히려 "사도들 중에서 알려진 사람"으로 번역해야 한다. "…중에서"는 엔(en – ἐν–필자 주)을 번역한 것이다. 만일 바울이 사도들에게 잘 알려졌다고 말하기 원했다면, 자연스러운 번역을 위해서 엔은 선택이 평이하지 않은 단어이다.[30]

존 지슬러 교수의 주장은 이렇다. 바울의 경우 안드로니고와 유니아가 단순히 사도들에게 잘 알려진 사람임을 알리기 위한 목적에서 문장을 썼다면 굳이 이런 해석의 난점難點과 번역의 논란이 있는 ἐν이라는 전치사를 사용하지 않았을 것이라는 것이다. 분명히 그것은 어딘가 사도 바울답지 않다는 것이다. 그렇다! 분명히 그럴 것이다! 바울은 로마서 16장 7절에서도 ἐν이라는 전치사를 사용하면서 동일하게 원래 자신이 평상시 즐겨 쓰던 그 용례와 그 의도대로 사용했음이 분명해 보인다.

그러므로 바울이 ἐν이라는 전치사를 쓰면서까지 안드로니고와 유니아에 대해 특별한 평가를 한 것은 분명한 이유가 있다. 바울이 보기에 그들이 확실히 사도들 중에 일원이요, 충분히 그렇게 불릴 만한 자격이 있는 사람들이었기 때

---

30) John Ziesler, *Paul's Letter to the Romans*, 조갑진 옮김, 『로마서 주석』 (서울: 기독교문서선교회, 2002), 424쪽.

문이다. 따라서 바울은 그 분명한 사실을 보다 확실히 밝히기 위해서 그렇게 했을 것이다. 바울이 항상 동일한 의도를 가지고 사용했던 ἐν이라는 전치사를 굳이 로마서 16장 7절에서만 예외적으로 전혀 다른 의도로 사용했을 하등의 이유는 없어 보인다(그것도 같은 전치사를 한 문장에 두 번이나 사용하면서까지…). 만약 다른 의도로 사용하려했으면 ἐν과 다른 전치사를 사용했을 것이다.

자! 그럼, 이제 모든 것이 확실해진다! 이제 만약 우리가 로마서 16장 7절의 전치사 ἐν을 실제 헬라어 원문에 충실히 재해석한다면, 그리고 바울의 원래 의도에 맞추어 재적용한다면, 우리는 그 표현이 "…안에서" 또는 "…사이에"로 번역되는 것이 가장 타당함을 알 수 있다. 따라서 이 구절은 비록 한글로 번역되기를 "사도들에게 존중히 여겨지고……"라고 번역되었지만, 이제는 바뀌어도 될 것 같다. "사도들 중에서 뛰어난…" 또는 "사도들 안에서 뛰어난…", 이것이 올바른 번역이라 생각한다.

특별히 리처드 설빈Richard S. Cervin은 오랜 기간 로마서 16장 7절의 [ἐπίσημοι ἐν τοῖς ἀποστόλοις] 구절을 문법적으로, 역사적으로, 해석학적으로 연구한 사람으로서 이 문제를 놓고 매우 긴 논문을 썼다. 그런데 놀랍게도 그의 최종 결론은 "이 구절은 사도들 중에서 뛰어난 사람들로 번역해야 한다"[31]라는 매우 간단하고 명료한 한 문장으로 끝났다.

---

31) R. S. Cervin, "A Note regarding the Name 'Junia(s)' in Romans

비록 짧은 한 문장의 결론이지만, 그가 이 짧은 한 문장의 결론을 얻을 때까지 그는 정말 대단히 길고 깊은 연구과정을 경험해야만 했다. 필자는 이러한 번역상황을 좀 더 상세히 알고 싶어 여러 개의 영어성경을 동시에 비교하며 살펴봤다. 그 결과 많은 영어성경이 리처드 설빈의 주장과 동일하게 "사도들 중에서 뛰어난"으로 기록하고 있는 것을 발견했다.

> They are outstanding apostles (NAB)
> They are outstanding among apostles (NASB, NIV)
> They are outstanding among apostles (NIV)
> They are prominent among apostles (NRSV)
> They are eminent among apostles (REB)
> They are very important apostles (NCV)

번역하면 모두 다 "사도들 중에서 뛰어난", "사도들 안에서 특출난", "매우 중요한 사도"가 된다. 그러나 이러한 번역결과에도 불구하고 아직까지 많은 번역자들이 이 구절에 대한 완벽한 번역수정 작업을 실천하지 않고 있다. 그래서 아직까지도 여전히 과거의 잘못된 번역상태로 출간된 성경번역문들이 많은 실정이다. 때문에 신학도 한영자는 이 구절(롬 16:7)에 대한 자신의 학위논문 결론부분에서 다음과 같이 강력히 주장했다.

16.7," *New Testament Studies* 40 (1994): 470.

우리는 「Accent 하나!–유니아(롬 16:7)"에 대한 고찰」을 통해서 헬라어 문법, 사본학, 고증학, 해석학의 원리들을 적용하여 롬 16:7의 해석의 역사를 알아보았다. ……그 수고의 결과로 말씀과 말씀 사이의 조화를 발견하였다면 시정해야 한다. 올바른 성경 해석의 역사는 여기에서 출발한다. ……필자는 감히 제언하고자 한다. 미래의 Nestle-Aland 28판은 ……교정되어 출판되기를 소망한다. 미래의 Nestle-Aland Greek English 9판의 영역은 Junias에서 Junia로 교정되어 출판되기를 소망한다. ……미래의 대한성서공회 한글 성경은, 유니아의 성별 구분이 한글 표기상 전과 동일하게 보일지라도 각주란에 그 성별을 여성으로 언급하고, 동시에 중요한 것은 "사도들에게 유명히 여김을 받고"로 해석된 본문을 "사도들 중에서 유명한 사도들"이라고 바로 해석하여 성경본문을 비로 인쇄하기를 소망한다. 롬 16:7 본문은 ……"그들은 사도들 중에서 뛰어난 사도들입니다."……로 해석되어야 하고 유니아는 여자명이라고 주석되어야 한다.[32]

---

[32] 황영자, "Accent 하나! – 유니아(롬 16:7)에 대한 고찰," (미간행 신학석사학위논문, 총신대학교 대학원, 2003), 66–67쪽: 총신대학교 정훈택 교수로부터 지도를 받은 황영자의 논문은 로마서 16장 7절에서 문제가 되는 표현 "ἐπίσημοι ἐν τοῖς ἀποστόλοις"을 아주 심도 있게 잘 분석한 연구문헌이다. 특별히 전치사 "엔(ἐν)"의 용도와, 형용사 "에피세모이ἐπίσημοι"의 사전적 의미, 명사 "아폴스톨로이스 ἀποστόλοις"의 정의 및 역할에 대해 탁월한 분석을 남겼다. 그러나 아쉬운 점은 논문 자체가 헬라어 원문과 문법에 대한 상당한 지식이 없는 일반인에겐 이해하기 힘든 학구적 논문이라는 것이다. 때문에 본서에서는 해당 논문의 최종 결론부분만 인용하는 것으로 만족하려 한다.

이러한 추적 결과를 놓고 볼 때, 로마서 16장 7절의 실제 내용은 안드로니고와 유니아가 사도들에 의해 귀중히 여김을 받은 일반사람이 아니라 오히려 그들이 사도자체였으며, 더 나아가 그들이 사도들 중에서 뛰어난 사람들임을 알리고 있다.[33] 결국, 우리가 그렇게 풀기 힘들어했던 고르디우스의 매듭인 로마서 16장 7절은 이렇게 쉽게 풀린 셈이다.

다시 한 번 강조하지만, 만약 이것이 정확하다면 로마서 16장 7절 한 구절은 유니아가 주후 1세기의 "여자 사도"였음을 증명하는 성경 속 단 하나뿐이지만 아주 결정적인 증거가 된다.[34] 결국 유니아는 여자 사도이다. 그것도 주후 1세기에 보기 드문 여자 사도! 그래서 바울이 직접 로마에 보내는 공개편지에 자신의 기록으로 그 이름을 남겨 여자 사도임을 밝힐 정도의 인물인 셈이다.[35]

그런데 이보다 더 흥분되는 사실이 한 가지 더 있다. 만약 이것이 사실이라면, 유니아는 예수님께서 승천하신 이후(주후 30년 중반) 그로부터 20년 어간이 지난 주후 50년대 중반에 당당히 사도라 불린 기록상 최초의 여자라는 점이다. 왜냐하면 바울이 로마에 편지를 보낸 때는 마가복음

---

33) Ann Brown, *Apology to Women: Christian images of the female sex* (England, Leicester: Inter-Varsity Press, 1991), 15, 175.

34) Mary T. Malone, *Women and Christianity: The First Thousand Years* (Maryknoll, New York: Orbis Books, 2001), 71-73.

35) Stanely J. Grenz, *Women in the Church: A Biblical Theology of Women in Ministry* (Downers Grove, Illinois: InterVarsity Press, 1995), 85, 92-96, 219.

이 기록되기 훨씬 이전이었기 때문이다. 이 점에 대해 영국의 신학자 윌리엄 바클레이와 미국 에즈버리Asbury 신학교의 신약학 교수인 벤 위더링톤Ben Witherington III은 다음과 같이 서술했다.

> 안드로니고와 유니아는 재미있는 한 쌍의 이름을 이룬다. 그 이유는 유니아란 여자 이름일 수 있기 때문이다. 그렇다면 그것은 초대교회에서는 여자가 사도와 동급으로 인정될 수 있었다는 것을 의미하게 된다. 이런 의미의 사도란 크게 말해 교회가 내보내서 예수의 복음을 전파하게끔 한 사람들이었다. 바울은 안드로니고와 유니아가 자신보다 먼저 기독교인이 되었다고 말한다. 그것은 그들의 기원이 스데반의 시대로 직결된다는 것을 의미한다. 그들은 예루살렘 초내교회와 직접 관련이 있었을 것이다.[36]

> 주후 57년-58년 사이에 쓰인 것으로 추정되는 바울의 로마서는 원복음서earliest gospel인 마가복음보다 적어도 10년에서 12년 정도 먼저 쓰였다. 그렇다면, 이것은 로마서 16장 7절이 그 당시 여자 사도를 언급한 최초의 구절이 된다는 뜻이다. 이것은 매우 인상적이다. ……바울의 경우 그가 사도라고 말할 때, 그것도 대문자 A를 써서 말할 때, 그것은 부활한 주님을 만났고, 예수님으로부터 선교의 명령을 받

---

[36] William Barclay, *The Letter to the Romans, Corinthians,* 편찬위원회 옮김, 『바클레이 성경주석 7-로마서·고린도 전후서』 (서울: 기독교문사, 2009), 283쪽.

> 았으며, 현재까지 선교사로서 헌신하고 있는 사람들을 의미한다. ……바울은 지금 예수님을 아주 가까이 모셨던 초창기 뛰어난 제자이며, 예수님의 부활을 목격하고, 담대히 복음을 전파했던 유니아라 불리는 유대 여성에 대해 쓰고 있는 셈이다.[37]

결국 유니아는 단순한 여자 사도가 아니라, 기독교 복음이 전파되던 아주 초창기 시절에 사도로 불린 1세대 기록상 최초의 여자 사도가 된다. 물론 이러한 추측과 주장은 필자 혼자만의 것은 아니다. 이때까지 많은 신학자들과 목회자들, 심지어는 평신도 사역자들 중에서도 필자처럼 유니아를 주후 1세기 사도들 중에 뛰어난 여자 사도로 인정해온 사람들이 많다. 사실상 그들이 있었기에 필자 또한 그들의 주장에 힘입어 지금처럼 담대히 유니아를 주후 1세기의 여자 사도로 주장하고 나설 수 있었던 것이다. 그렇다면 여기서 그들 중 몇몇 비중 있는 사람들의 주장을 한 번 차례차례 들어보도록 하자.

> 오! 이 여자의 놀라운 헌신을 보라! 얼마나 위대한 것인가? 심지어 그녀는 사도라는 명칭을 얻기에 부족함이 없는 사도에 속한 여인이었다. (Oh! how great is the devotion of this woman, that she should be even counted worthy of the appellation of

---

[37] Ben Witherington III, *What Have They Done With Jesus?* (New York: Harper San Francisco, 2006), 19-20.

apostle.)[38]

두 사람(안드로니고와 유니아−필자 주)이 사도들 중에서 뛰어난 사람들이었기 때문에 어떤 사람들은 두 사람의 이름을 남성형이라 주장하기도 하고, ……어떤 사람은 안드로니고만이 사도였으며 그 아내 유니아는 안드로니고의 영광을 나누어 가진 것으로 해석하는 사람도 있다. ……그러나 존 크리소스톰은 이 사람들의 성별과 가치에 대해 이러한 의심을 가지지 않았다. ……물론 바울은 여성이 남성처럼 예배 인도자의 위치에서 활동하도록 만들기 위한 특별한 조치를 만들지는 않았으나 여성의 역할을 절대로 배척하지는 않았다.[39]

"ἐπίσημοι ἐν τοῖς ἀποστόλοις"라는 문장에서 형용사 "ἐπίσημοι"는 "특출난marked out", "돋보이는distinguished", "뛰어난outstanding", "훌륭한prominent"의 뜻을 가지고 있다. 이 말은 그냥 척 보기엔 안드로니고와 유니아가 사도의 무리에 속하지 않고, 사도들 중에서 매우 존중히 여김을 받는 사람임을 뜻하는 것처럼 보인다. 그러나 이 문장은 매우 자주 그들이 사도들 무리에서 뛰어난, 즉 사도들 중에서도 매우 돋보이는 사람으로 많이 해석되기도 한다. 이러한 해

---

[38] John Chrysostom, "The Homilies of St. John Chrysostom: Romans," in *A Select Library of the Nicene and Post-Nicene Fathers of the Christian Church,* ed. Philip Schaff, vol. 11, (Grand Rapids: Wm. B. Eerdmans Publishing Company, 1975), 555.

[39] John Temple Bristow, *What Paul Really Said About Women* (New York: HarperSanFrancisco, 1988), 57.

석은 대부분의 초기 기독교 교부the fathers들이 인식하고 있던 의견이었고, 오늘날 대부분의 성서주석학자들과 해석학자들도 동의하고 있는 부분이다.[40]

유니아가 단지 사도들emissaries 속에 포함될 뿐만 아니라 그들 중에서 뛰어난 사도였다는 사실은 매우 높은 명예이다. 특별히 존 크리소스톰은 그의 로마서 주석을 통해 "이 여자의 지혜로운 사랑은 그녀를 사도들 중에 포함될 수 있도록 만든 놀라운 것이었다."고 평했다. 비잔틴 동방 정통 교회에서는 그녀와 그녀의 남편을 결혼한 성자와 사도들로 인정하고 그들을 위한 예배의식을 거행할 정도였다. 오리겐Origen과 루피누스Rufinus와 같은 초대교회의 교수들과 성경해석자들 또한 그녀의 범상치 않은 탁월함에 찬사를 보내었다. ……그러나 중세 때, 정확히 말하자면 9세기 이전에, 여자 사도란 생각할 수도 없는 것이라는 결정이 내려졌다. 왜냐하면 그것은 그때까지 남성의 전유물the male monopoly로 인식되어 온 교회 서품과 직책을 껄끄럽게 만드는 일이었기 때문이다. 결국, 유니아는 역사 속에서 지워져야만 했다. 이를 위한 작업은 그저 더러운 때를 지워버리듯이a little smudging 매우 쉽게 진행되었다.[41]

사도행전에 나오는 열두 사도를 사도들이라고 부른 것 이

---

40) Richard Bauckham, *Gospel Women: Studies of the Named Women in the Gospels* (Grand Rapids, Michigan: William B. Eerdmans Publishing Company, 2002), 172.

41) Garry Wills, *What Paul Meant,* 91.

외에도, 특별히 사도라고 불리기에 특별한 반대가 없었던 사람은 바울이다(롬 1:1, 고전 9:1). ……바나바(고전 9:6, 행 14:4-14), 야고보(갈1:9), 안드로니고와 유니아(롬 16:7)도 역시 사도들로 묘사된 듯하다. 안드로니고와 유니아에 관한 구절은 "사도들에게 잘 알려진well known to the apostles"보다는 "사도들 중에서 뛰어난notable in the ranks of the apostles"으로 해석하는 것이 훨씬 더 적절한 번역이라는 점은 일반적으로 일치된 의견이다. ……유니아는 여성일 가능성이 매우 크다. ……이러한 가능성에는 깊은 관심을 기울여야 한다.[42]

물론 현대의 몇몇 주석가들 중에는 여자가 사도직을 맡을 수 없다는 이유로 이러한 해석을 거부하는 경향도 있지만, 여기에 기록된 성경구절(롬 16:7)을 가장 자연스럽게 읽는다면, 두 사람(안드로니고와 유니아-필자 주)은 사도였다.[43]

바울과 관련된 문헌 중에는 여성이 남성과 함께 나란히 복음을 위해 사역했음을 입증하는 많은 증거들이 나온다. ……브리스길라, ……유오디아와 순두게 ……뵈뵈 ……드루배나와 드루보사 ……더욱이 사도들 중에 뛰어난 유니아

---

42) Mary J. Evans, *Woman in the Bible: An overview of all the crucial passages on women's roles* (Downer Grove, IL: InterVarsity Press, 1984), 124.

43) Craig S. Keener, *The IVP Bible Background Commentary: New Testament*, 447-8.

라고 불린 여성이 있다.[44]

우리는 사도 바울이 로마서 16장 7절을 통하여 유니아라는 여자를 직접 사도라고 부른 점에 대하여 놀랄 필요가 전혀 없다. 만약 예수님의 부활을 목격한 사람이 사도라 불릴 수 있다면, 남자뿐만 아니라 여자들 중에도 사도라 불릴 수 있는 사람들도 얼마든지 있을 수 있기 때문이다.[45]

여기서 그들이(안드로니고와 유니아-필자 주) 사도들 중에서 뛰어난 존재였다면, 이것은 단순히 그들이 사도들에게 잘 알려진 사람이었음을 뜻하는 것이 아니라 오히려 그들이 특정한 경우 사도 그 자체였음을 의미한다고 할 수 있다. 그렇다면 이것은 대체 무엇을 뜻하는가? 아마도 그들은 예수님의 부활을 목격하였던 오백여명의 형제들 속에 속하거나, 아니면 라이트풋J. B. Lightfoot 교수가 주장하는 대로 오순절 성령강림 때에 베드로의 설교를 들은 로마 지역 사람들 중 하나일 것이다.[46]

바울과 함께 감옥에 갇혔던 두 명의 동역자가 또 있다. 안

---

44) Gerald F. Hawthorne, Ralph P. Martin, and Daniel G Reid, *Dictionary of Paul and His Letters* (Downer Grove, IL: InterVarsity Press, 1993), 603.

45) N. T. Wright, "Women's Service in the Church: The Biblical Basis," paper presented at the symposium, *Men, Women and the Church,* St. John's College, Durham, England, Sept, 4, 2004.

46) F. F. Bruce, *Paul: Apostle of the Heart Set Free* (Grand Rapids, Michigan: Wm. B. Eerdmans Publishing Co., 1998), 388.

드로니고와 유니아이다. 이들은 바울보다 먼저 예수님을 믿은 유대기독교이다. 바울은 이들에 대해 '그들은 사도들 중에 뛰어난 사람들이다! They are of note among the apostles',이라 기록했다(롬 16:7). 이 말은 그들이 사도들에게 잘 알려졌다는 뜻도 있지만 동시에 그들 자신이 사도들 중에 뛰어난 사도였다는 뜻도 있다. 왜냐하면 그들은 부활하신 예수님의 증인이었기 때문이다.[47]

로마서 16장 7절에 안드로니고와 유니아는 사도들 가운데서 뛰어난 사람들로 간주되어 있다. 이러한 묘사는 바울처럼 부활하신 그리스도로부터 직접 사도적 선교를 위해 부름 받은 넓은 의미에서의 사도들과 자연스럽게 연결된다(고전 15:7). 안드로니고와 유니아는 로마 교회 공동체와 관련하여 직접 사도라고 지명된 유일한 사람들이었다.[48]

그러므로 지금까지의 분석결과는 매우 간단하며 확실하다: 유니아는 사도였다. 적어도 나에게 있어서 이 결론은 논란의 여지가 없을 만큼 명백하다. ……로마서 16장 7절의 유니아는 사도로서 언급되었음이 분명하다.[49]

(안드로니고와 유니아-필자 주)는 "사도들 중에 뛰어난 자"가 되었다. 그렇다면 우리는 그녀를 사도로 간주된 한 여자

---

47) F. F. Bruce, *The Pauline Circle* (Eugene, OR: Wipf and Stock Publishers, 1985), 83.
48) James D. G. Dunn, *The Theology of Paul the Apostle,* 587.
49) Eldon Jay Epp, *Junia: The First Woman Apostle,* 80-81.

의 예로 보아야 하는가? 그렇다면 어떤 면에서 그러한가? ……유니아가 여성일 경우 본문이 함축하는 의미를 고찰해 보자. 바울이 언급한 내용의 문법적 형식은 "사도들에 의하여(by) 유명하게 된"을 의미할 수도 있고 "사도들로서(as) 유명한"을 의미할 수도 있다. 그러나 바울이 사도들과 찬분이 있다는 정도의 사실로 칭찬거리를 삼은 것 같지는 않다. 오히려 바울의 의도는 그들이 사도들로서 탁월했음을 말하고자 하는 것 같다.[50]

얼마나 많은 여성이 복음 선포에 적극 동참했는지 알자면, 로마서 말미의 인사말을 읽어보아도 충분하다. ……29명 가운데 10명이 여자다. ……유니아는 특별히 중요한 여성이었으니, 심지어 바오로는 자신보다 먼저 그리스도를 믿은 그녀와 안드로니코스는 "사도들 가운데서 출중"하다고까지 말한다. 사도(그리스어에는 여성형이 없다) 칭호는 바오로에게 최고의 존칭이었다. 아무튼 유니아는(빌켄스가 옳게 확인했듯이) ……'사도'로서의 특별한 권위가 주어졌고, 바오로 자신은 나중에야 그들에게 포함되었다.[51]

저희는 사도에게 유명히 여김을 받고 ……원문의 의미를 정확히 살려 다시 번역하면 "저희는 사도들 가운데서 탁월한 자들이다"가 된다. 여기에서 "…에게"로 번역된 전치

---

50) James B. Hurley, *Man and Woman in Biblical Perspective*, 김진우 역, 『성경이 말하는 남녀의 역할과 위치』(서울: 여수룬, 1988), 185쪽.

51) Hans Kung, *Die Frua Im Christentum*, 이종한 & 오선자 옮김, 『그리스도교 여성사』(서울: 분도출판사, 2011), 33쪽.

사 '엔'은 "…안에서", "…가운데서" 라는 의미이다. ……본절의 두 사람은 사도들에게 유명히 여김을 받는 것이 아니라, 사도들 가운데서 탁월한 또는 유명한 자들이었다. 루터Luther는 이들을 사도로 간주하였다.[52]

안드로니고와 유니아도 바울의 동역자였던 브리스가와 아굴라 부부처럼 선교사 부부였을 것이다. 그러나 그들과는 달리 이들은 바울로부터 사도의 칭호를 받고 있다. 그러므로 아마도 유니아 부부는 처음에 예루살렘의 사도들, 곧 야고보와 12 사도와 함께 부활하신 그리스도를 본 사람들(고전 15:7)의 집단에 속해 있을 것이나, 후에 예루살렘을 떠나 안디옥으로 와서 바울과 바나바와 함께 사역했던 것으로 추정된다. 더욱이 그들이 이제 로마에 건너가 있다는 사실은 그들이 계속 선교사역 중에 있음을 말해준다고 할 수 있다. 이러한 사실을 보여주는 또 하나의 증거는 그들이 바울보다 먼저 그리스도인이 되었다는 데 있다(롬16:7). 이 말의 의미는 안드로니고와 유니아가 바울보다 먼저 부활하신 분의 현현을 체험했다고 하는 뜻일 것이다.[53]

"사도들 중에 유명히 여김을 받고"로서, 그 뜻이 ①우리 성경처럼 사도들에게 유명해진 것인지(De Wette, Meyer, Gifford), ② (그 자신이 사도로서) 사도들 중에서 탁월한 자

---

[52] 『옥스퍼드 원어성경대전』 117권, 로마서 제9장-16장 (서울: 제자원, 2001), 573쪽.

[53] 김지철, "바울과 여성 선교동역자들(로마서 16장을 중심으로)," 『長神論壇』13집 (1999), 44쪽.

인지(Chrysostom, Alford, Bengel, Godet, S&H) 이론이 있으나, 후설後說이 압도적이다. 사도란 좁은 의미에서는 열두 제자를 가리키나, 넓은 의미에서 그 범위는 더욱 넓었다.[54]

여기에서 우리말 개역성경에는 "사도에게 유명히 여김을 받고"라고 번역했는데, 그보다는 "그들은 사도들 중에 뛰어나다"라고 하는 것이 타당하다. 이 당시에 열두 사도 외에 바나바와 같이 좀 더 넓은 그룹의 사도들이라고 칭함을 받은 자들이 있었다(참고 행 14:14). 그러므로 그러한 그룹에 속한 것으로 인정받은 안드로니고와 유니아가 얼마나 사도적 가르침을 따라 충실하게 하나님의 교회를 섬겼는지 알 수 있다.[55]

16장에서 제일 문제되는 것은 7절이다. ……안드로니고와 유니아에게 문안하라. 저희는 사도에게 유명히 여김을 받고 ……후반부 문구가 문제인데 일본성서협회의 번역과 같이 "그들은 사도 사이에서 평판이 좋고"라고 하면 사도들이 이 두 사람들을 칭찬하고 있었다는 뜻이 된다. 그러나 이것은 공동번역이 더 정확하여 "사도들 속에서 눈에 띄었고"라고 해야 한다. 나의 은사인 마에다前田護郎 선생이 발행한 신약성서(중앙공론사 발행) 번역에는 "사도 가운데서 우수한 자이며"로 되어 있다. 그러므로 이 두 사람은 '사도'이다.[56]

---

54) 이상근, 『신약주해 로마서』(서울: 성등사, 1997), 348쪽.
55) 이필찬, 『로마서』(서울: 이레서원, 2005), 425쪽.
56) 荒井獻, 『新約聖書の女性觀』. 金允玉 譯, 『신약성서의 여성관』(서울:

자, 어떠한가? 이처럼 필자 외에도 "구름같이 둘러싼 허다한 중인들(히12: 1)"이 있다. 이들은 모두 한결같이 유니아가 주후 1세기 여자 사도였을 가능성을 주장하거나 또는 여자 사도였음을 확신하고 있다. 지면紙面이 모자랄 뿐이지, 만약 필요하다면 이러한 주장과 사례는 얼마든지 더 찾아 인용할 수 있다. 그러므로 학문적인 관점에서 볼 때 여자 사도 유니아의 존재는 과거의 관례慣例나 전통의 테두리 안에서 함부로 무시할 내용이 아니다. 다시 말하자면, 지금까지 자기가 가지고 있던 고정관념과 일치하지 않는다고 해서 아무렇게나 그냥 부정할만한 가벼운 논제가 아니라는 말이다. 이것은 어디까지나 우리가 다시 한 번 심사숙고深思熟考하며 충실한 자료검증을 통해 계속해서 면밀히 추적해봐야 할 문제 중 하나이다. 그렇다면, 이제 우리는 여기서 최소한 세 가지 결론을 주장할 수 있다.

a. 예수님과 함께 한 열두 사도 무리 외에 또 다른 사도 무리가 있었다.

일반적으로 주후 1세기의 사도직은 예수님이 살아계실 때에 예수님과 함께 사역하며 동행한 사람들만을 위한 것이었다(행 1:21-22). 그래서 우리는 흔히 사도하면 예수님과 함께 직접 사역했던 열두 제자들만 생각한다. 그리고 그 말은 틀린 것이 아니다. 그래서 개인적으로 필자는 편의상

대한기독교서회, 1993), 187쪽.

이러한 사도직을 사도행전에 근거한 "사도행전적 사도직 Apostles in Acts"이라 부르고 싶다. 그러나 주후 1세기의 사도직은 꼭 열두 제자들만을 위한 것은 아니었다.[57] 왜냐하면, 열두 사도 외에도 예수 그리스도와 함께 처음부터 동행하며 그 분을 따라 그 부활의 목격자 되고 그로부터 선교사역을 위임받은 사람들이 더 있었기 때문이다.[58] 때로는 예수님에 대한 역사적 경험이 없어도 사도라 불리는 사람도 있었다. 필자는 편의상 이러한 부류를 예수님 부활 이후 생겨난 "부활 후 사도직Apostles in the post-Resurrection"이라 부르고 싶다.

이를 증명하는 사례가 몇 가지 있는데, 우선 맛디아이다 (행 1:21-26). 그는 원래 열두 사도가 아니었으나, 처음부터 예수 그리스도와 함께 동행한 사람으로 나중에 가룟 유다를 대신하여 당당히 열두 사도 중 하나로 선택받는다.[59] 또한 예수님의 친동생 야고보도 마찬가지이다(막 6:3, 요 7:1-5).[60] 야고보는 예수님의 부활 후 그의 친형 예수님

---

57) G. D. F. Fee, *The First Epistle to the Corinthians* (NIC, 1987), 731-32.

58) James D. G. Dunn, *Word Biblical Commentary on Romans* (Waco, Tex.: Word Books, 1988), 894-95.

59) 사도 맛디아에 대해서는 수많은 전설과 전승들이 있다. 특별히 가룟 유다가 예수님께 부름 받아 제자가 된 숨겨진 과정과 배신, 그리고 그 가룟 유다의 뒤를 이어 맛디아가 제자로 선출된 맛디아의 숨겨진 설화에 대해서는 다음을 참고하라. Jacobus de Voragine, *Legenda aurea*, 윤기향 옮김, 『황금전설』(서울: 크리스챤 다이제스트, 2007), 274-82.

60) Hershel Shanks & Ben Witherington, *The Brother of Jesus* (New York: Haper San Francisco, 2003), 91-126.

을 직접 만나보고 그 뒤부터 사도가 되었고(고전 15:7), 훗날 예루살렘 교회 초대 총회장까지 역임하며(행 15:12-21, 20:17-26), 예루살렘 모母교회의 기둥과 같은 인물로서(갈 2:9, 12) 많은 기독교인들에게 편지로 격려하였다(약 1:1)[61] 바나바 역시 예외는 아니다(행14:4, 14). 이것 외에도, 성경에는 70명의 제자가 나오며(눅 10:1), 초대교회 120 성도가 있었고(행1), 예수님의 부활을 동시에 목격한 150명의 증인들이 있었다(고전 15:5). 이들 모두 사도(부활 후 사도직)일 수 있다.[62] 특별히 총신대학교 이한수 교수(신약학)는 열두 사도 외에 존재하는 또 다른 사도들에 대해 다음과 같이 증거했다.

> 사도(ἀπόστολος)란 말은 기본적으로 어떤 사람을 대신하여 보냄을 받은 '사자, 대변자'를 뜻한다(고후 8:23, 빌 2:25). 예수 그리스도의 사도란 말은 따라서 예수를 대신하여 그가 수행하던 복음 전도 사역을 계속하는 사람을 가리킨다. 신약에서는 사도란 말은 때로 '사자'使者라는 아주 일반적인 의미로 사용되기도 했지만(요 13:16, 고후 8:23, 빌 2:25 등) 그것은 예수의 열두 제자들, 바나바와 바울(행 14:14), 안드로니고와 유니아(롬 16:7)를 포함한 사람들을 지칭하

---

61) Jeffrey J. Butz, *The Brother of Jesus and the Lost Teachings of Christianity* (Rochester, Vermont: Inner Traditions, 2005), 50-64.

62) Herbert Lockyer, *All the Apostles of the Bible* (Grand Rapids: Wm. B. Eerdmans Publishing Company, 1972), 183-244.

는 포괄적인 술어로도 사용되었다.[63]

여기서 우리는 이한수 교수 또한 "안드로니고와 유니아"의 이름을 사도에 포함시킨 것을 발견할 수 있다. 이로 볼 때, 주후 1세기 초대 기독교 공동체 속에는 최초의 열두 사도 이외에도 필요한 경우 얼마든지 공식적인 사도로서 인정받을 수 있는 충분한 자격을 갖춘 사람들이 많이 있었음을 알 수 있다. 그들은 바로 예수님의 부활 후 상당히 제한된 시간 속에서 특별하게 주님으로부터 직접 임명된 사도 무리들 속에 속했을 것이다. 이들을 다른 말로 특별한 사도권을 받은 또 다른 사도(선교사)라 부르기도 한다. 따라서 신약성경에 나오는 사도는 예수님께서 직접 선택하신 열두 제자로 한정되지 않는다(물론, 그럼에도 불구하고 열두 사도의 위치는 여전히 절대적이었다).[64]

b. 바울은 자기 나름대로의 사도관을 가지고 있었다.

이런 측면에서 볼 때 유니아를 감히 사도라고 부른 바울 또한 열두 사도의 범위 안에 들지 않았다. 엄격히 말해, 그는 사도행전에 근거한 사도행전적 사도직에서 벗어난 사람이었다. 왜냐하면 어디까지나 그가 예수님을 신앙적으로

---

[63] 이한수, 『복음은 구원을 주시는 하나님의 능력』, 85쪽.
[64] 한규삼, 『사도행전』(서울: 생명의 말씀사, 2006), 43-45쪽.

만난 것은 예수님의 부활과 승천 이후였기 때문이다.[65] 그러므로 그에게 살아생전 역사적 예수에 대한 물리적 경험은 매우 빈약하거나 또는 심하게 말할 땐 아예 없을 수도 있다.[66] 어디까지나 바울의 예수관은 부활 승천한 후의 모습이다. 바로 여기에 바울이 주변으로부터 자신의 사도직에 대한 무수한 도전과 매서운 방해를 받은 결정적 이유가 있다.

그러나 그럼에도 불구하고 바울은 자기 자신을 당당히 사도라 불렀고(고전 15:7-9, 고후 12:11-12, 갈 1:1, 갈 1:17-19), 그와 함께 사역하는 동역자들도 자기와 똑같은 사도라 불러 주었다. 예를 들면, 바울의 1차 선교여행 때 회심한 디모데도 사도라 불렀으며(살전 2:6), 디도와 다른 한 사람(고후 8:16-24)도 그렇고, 에바브로디도(빌 2:25)까지

---

[65] J. W. Fraser, *Jesus & Paul: Paul as Interpreter of Jesus from Harnack to Kummel* (Sutton Courtenay: The Marcham Manor Press, 1974), 46-48A, F. F. Bruce, *Paul and Jesus* (Grand Rapids, Michigan: Baker Book House, 1974), 24.

[66] 물론 예수님께서 살아계실 때에 바울이 예수님을 직접 보고 만났을지도 모른다. 왜냐하면 그 당시 예수님은 예루살렘을 떠들썩하게 만든 인기스타이자 문제의 인물이었으며 화제의 인사(人士)였기 때문이다. 그래서 특별한 경우, 바울이 예수님이 잡히시던 그 밤에 로마 병정들과 함께 있었을 수도 있고, 모든 심문과 재판과정을 옆에서 다 지켜봤을 가능성도 얼마든지 있다. 하지만 그것이 사실이라 할지라도, 그것은 어디까지나 바울이 먼발치에서 다른 무리들에 섞여서 피상적(皮相的)으로 바라본 예수님이었을 것이다. 확실한 것은 바울의 예수관은 부활과 승천 후 예수님이다. 그 이전 바울과 예수님의 관계에 대해 성경은 침묵하고 있다. 참고하라. Herman Ridderbos, *Paul and Jesus*, trans., David H. Freeman (Grand Rapids, Michigan: Baker Book House, 1958), 41-43.

사도라 불렀다.

당연히 이러한 바울의 돌발적 사도 선언은 그 당시 사도행전에 근거한 사도행전적 사도직을 고집하는 사람들의 눈에는 매우 맹랑하고 건방진 모습으로 보였을 것이다.[67] 그 상황이야 어찌됐든, 일단 이것은 바울이 가지고 있는 사도직의 이해가 열두 사도의 범위를 벗어나는 좀 더 폭 넓은 것이었음을 보여준다.[68] 그래서 제임스 던 교수나 루터B. Luter와 맥레이놀즈K. McReynolds 등과 같은 학자는 바울이 가지고 있었던 사도의 원칙을 다섯 가지로 정리한 뒤 아래와 같이 결론지었다.

> 결론적으로 요약하면, 바울이 가진 사도적 권위는 아주 높은 차원의 것이었다. 즉, 부활하신 그리스도에 의해 복음을 전파하고 교회를 세우라는 구체적인 위임commissioning으로부터 온 사도적 권위이다. 그러나 실제적으로 그 권위를 실천하는 데 있어서는 항상 한계가 있었다. 사도적 권위는 언제나 복음에 종속되어 있었다. 사도적 권위는 교회 안의 여러 책임 있는 사역을 이루기 위한 많은 직책들 중의 하나로 교회 안에서 행사되었다(물론 그것은 가장 중요한 것이다). 사도적 권위는 단순한 선례나 관습에 의해 결정되는 것이 아니라 상황이나 그리스도인의 자유에 맞춰서 행사될 수

---

67) 박익수, 『누가 과연 그리스도의 참 사도인가?』(서울: 대한기독교서회, 1999), 328–29쪽.

68) John Pollock, *The Apostle: A Life of Paul* (New York: Doubleday & Company, Inc., 1969), 47.

있었다. 사도적 권위는 그것이 위임된 한계 범위 안에서 유지되었을 뿐만 아니라 십자가에 못 박힌 자에 관한 선포라는 그 메시지의 성격을 반영하는 것이었다.[69]

바울 서신에서 '사도'라는 개념은 실라와 디모데(살전 1:1, 2:6) 또는 에바브로디도를 포함한 경우처럼(빌 1:25) 더 광범위하게 사용되며, 이러한 사실은 역동적인 이 한 쌍(안드로니고와 유니아-필자 주)의 제자들이 오늘날이라면 개척 사역을 위해 교회가 '파송한'(아포스텔로, apostello) 매우 존경받는 베테랑 선교사로 인식되리라는 것을 암시한다.[70]

이것이 바로 바울이 가지고 있었던 '부활 후 사도직'에 입각한 사도관이었다. 그러므로 바울에게 있어 살아생전 역사적 예수님과의 친밀관계는(물론 매우 중요한 것이지만……) 그것이 사도적 권위를 세움에 있어 반드시 필요한 절대적 필수요건은 아니었다. 오히려 바울에게 있어 그보다 더 중요한 것은 부활하신 예수님의 증인으로서 부활하신 예수님으로부터 직접 받은 개인적 소명과 위임이었다(갈1:1, 11-24).[71] 바로 여기에 필자가 이러한 사도직을 "부활 후 사도직"이라 부른 이유가 있다.

---

69) James D. G. Dunn, *The Theology of Paul the Apostle*, 571-79.

70) Boyd Luter & Kathy McReynolds, *Women As Christ's Disciples*, 전의우 옮김,『여성, 숨겨진 제자들』(서울: 예수전도단, 2006), 157쪽.

71) John B. Polhill, *Paul & His Letters* (Nashville, Tennessee: Broadman & Holman Publishers, 1999), 60.

'사도들'은 교회의 제도가 아니라 그리스도와 하느님의 영에 의해 예수의 부활사건을 증언하라는 임무를 위임받는다(눅 24:46-49). 역사적 예수의 제자가 아니었던 바울은 베드로를 위시한 예루살렘 공동체의 지도자들이 자신들만을 사도로 내세우는 것에 맞서서 그 자신은 사람들로부터가 아니라 부활한 주와 하느님으로부터 직접 사도로 임명받았다고 내세운다(고후 1:22) ……그가 선포하는 복음도 …… 자신에게 나타난 예수 그리스도로부터 받은 것이라고 말한다(갈 1:12). 바울은 고린도 교회가 자신의 사도권을 문제 삼았을 때 그 자신이 예루살렘의 사도들보다 조금도 못할 것이 없다고 증언한다(고후 10:5, 12:11). 왜냐하면 그가 사도로 인정받는 것은 사람이 아니라 주님에 의한 것임을 확신했기 때문이다(고후 10:18).[72]

바울의 저서들을 보면 사도직에 대한 폭넓은 이해를 할 수 있다. 사도직은 더 이상 열두 명에 제한되지 않는다. 바울은 자신을 사도라고 하며 ……바나바, 안드로니고, 그리고 유니아를 사도라고 명했다. ……그 밖의 여러 곳에서(고후 8:23) 열두 명보다 훨씬 폭넓은 사도들의 집단이 있음을 언급하고 있다.[73]

물론 그렇다고 해서 아무나 자기 멋대로 사도로 인정받

---

[72] 최영실, 『신약성서의 여성들』(서울: 대한기독교서회, 1997), 211쪽.
[73] E. Margaret Howe, Women & Church Leadership, 김희자 옮김, 『여성과 성직』(서울; 도서출판 엠마오, 1990), 72쪽.

는 것은 아니었다. 당연히 이들의 숫자는 어느 정도 제한적이었을 가능성이 크며, 그들이 활동하는 데 있어서도 자신의 사도성을 입증하기 위한 많은 도전과 꾸준한 검증이 필요했을 것으로 본다.[74] 바울 또한 마찬가지였다. 그렇기 때문에 바울도 자신의 편지를 통해 자기만의 독특한 사도성을 매우 강하게 증거 했던 것이다 (고전 9:1-2, 고후 11:5).[75] 그렇다면 당연히 유니아도 예외는 아닐 것이다. 분명히 바울 또한 로마서 16장 7절을 기록하면서 유니아를 그와 동일한 또 다른 사도의 무리 속에서 이해했을 것이 분명하다.[76]

c. 그 사도 무리 중에는 여자도 있었다.

열두 사도 외의 또 다른 부류의 사도들 중에는 분명히 여자도 있었다. 왜냐하면 성경이 분명히 특별한 곳에서 열두 사도들과 함께 예수님의 사역을 도운 여러 여성 사역자들을 언급하고 있기 때문이다.[77] 그 중에 대표적인 구절이 바로

---

74) Dorothy R. Pape, *In Search of God's ideal: Woman* (Downers Grove, Illinois: InterVarsity Press, 1976), 217.

75) Bart D. Ehrman, *Truth and Fiction in The Da Vinci Code* (New York: Oxford University Press), 166-67.

76) 바울의 사도성 입증과 변호 그리고 그에 따른 바울의 신앙 성숙과정에 대한 필자의 모든 추적내용에 대해서는 다음을 참고하라. 김철웅, 『추적! 사도 바울의 16년』(서울: 쿰란출판사, 2007), 59-83쪽 ("야! 나는 사도 중의 사도란 말이야!").

77) Donald Grey Barnhouse, *God's Glory: Romans 14: 13-16: 27* (Grand Rapids: Wm. B. Eerdmans Publishing Company, 1964), 123-24, Ross Sheppard Kraemer and Mary Rose D'Angelo, *Women and Christian Origins* (New York: Oxford University Press, 1999), 210.

누가복음 8장 1절-3절이다.

> (1) 그 후에 예수께서 각 성과 마을에 두루 다니시며 하나님의 나라를 선포하시며 그 복음을 전하실새 열두 제자가 함께하였고, (2) 또한 악귀를 쫓아내심과 병 고침을 받은 어떤 여자들 곧 일곱 귀신이 나간 자 막달라인이라 하는 마리아와 (3) 또 헤롯의 청지기 구사의 아내 요안나와 수산나와 다른 여자가 함께하여 자기들의 소유로 그 들을 섬기더라.(눅 8: 1-3)

여기에 보면 예수님과 함께 사역한 여러 여자들의 이름이 나온다. 그것도 그 이름이 앞으로 사도라 불릴 열두 제자들과 함께 기록되어 있다. 그러므로 훗날 이 여자들도 넓은 의미에서의 사도로 사역했을 가능성이 크다.[78] 그 중에서 우리가 눈여겨봐야 할 여자는 요안나(Joanna: 여호와께서 은혜를 주신다)이다. 그녀는 헤롯 안디바Herod Antipas의 청지기 구사의 아내로서 예수님으로부터 치유하심의 은혜를 입고 자신이 가진 재물과 소유로 예수님과 그 제자들을 섬겼고(눅 8:3) 예수님께서 십자가 위에서 돌아가시고 무덤에 묻히시는 것까지 목격했으며(눅 23:55), 예수의 모친母親 나사렛 마리아 및 막달라 마리아와 함께 예수님 부활의 첫 증거자가 되기도 했다(눅 24:10)

---

[78] Hans Küng, *Women in Christianity* (London/New York: Continuum, 2002), 3.

특별히 벤 위더링톤은 요안나와 관련하여 아주 재미있으면서도 매우 파격적인 주장을 했다. 그는 누가복음 8장 3절에 소개된 헤롯의 청지기 구사의 아내 요안나가 로마서 16장 7절에 기록된 유니아와 동일인물일 가능성이 높다고 말했다. 왜냐하면 요안나라는 히브리식 이름의 라틴어 형태가 바로 유니아기 때문이다. 그의 말을 한 번 들어보자.

> 라틴식(로마식) 이름 유니아Junia는 히브리식 이름으로 요안나Joanna이다. 바울이 살던 시대에 갈릴리와 유다는 로마제국이 다스리던 지역이었다. 따라서 특별히 특권상위계층에 속한 많은 유대인들은 대부분 로마의 통치권 속에서 생존하기 위해 로마의 관습과 풍습을 그대로 따랐다. 심지어 그들의 이름까지 라틴식으로 바꾸었다. 그 당시 갈릴리 호수가 디베랴 호수Lake Tiberias라고 기록된 이유도 여기에 있으며, 더 나아가 헤롯 안디바Herod Antipas가 다스리던 지역의 수도 디베랴Tiberias를 로마황제의 이름을 따서 부른 것도 다 이런 이유 때문이었다. ……로마의 식민지인 유대의 살림살이와 부동산을 책임지던 청지기 구사Chuza는 당연히 로마인들을 비롯한 유대인 상위계층과 접촉하며 그 사교집단 속에 속했을 것이다. 그러므로 구사와 그의 아내 요안나가 그 당시 히브리식 이름과 함께 라틴식 이름을 함께 사용했을 가능성은 매우 크다. 그렇다면 바울이 로마서를 통해 소개한 유니아(라틴어 이름-필자 주)는 누가가 복음서를 통해 소개한 요안나(히브리 이름-필자 주)와 같은 사람이 아

니었을까?[79)]

　이렇듯 주후 1세기 유대인들은 보통 사회생활의 필요성에 의하여 히브리식 이름과 라틴식 이름 두 가지를 함께 사용하고 있었다. 그런데 히브리식 이름을 가진 유대인들이 라틴식 이름을 선택할 때는 그 원래 뜻과 상관없이 보통 비슷한 발음을 가진 이름을 선택해서 사용했었다. 이런 용례는 성경에도 충분히 나온다. 예를 들면, 사울Saul과 바울Paulus, 실루아노Silvanus와 실라Silas, 유스도Justus와 요셉Joseph, 글레오Cleopas와 글로바Clopas, 시몬Simon과 시메온Simeon, 율리우스Julius와 유다Judah, 루포Rufus와 르우벤Reuben 등이다. 그래서 당연히 요안나라는 히브리식 이름의 라틴식 형태는 유니아가 되는 것이다. 스코틀랜드 성聖 안드레 대학University of St. Andrews의 신약학자 리처드 북크함Richard Bauckham의 주장을 들어본다.

　　　유니아라는 이름은 히브리식 이름 요안나와 매우 발음이
　　　비슷하다(Yehohannah or Yohannah). ……이러한 연결성은
　　　로마서 16장 7절의 유니아가 누가복음 8장 3절의 요안나일
　　　가능성을 충분히 열어놓고 있다. 이 두 사람 모두 초기 예
　　　루살렘 교회의 구성원이었다는 사실이 더욱더 이 사실을
　　　가능케 한다. 바울이 우리가 초대교회의 문헌 중 어디에
　　　서도 들어보지 못한 두 명의 사도, 그것도 "사도들 중에 매우

---

79) Ben Witherington III, *What Have They Done With Jesus?*, 18.

뛰어난 사도(prominent among the apostles−Romans 16:7)"로 이 두 사람을 부를 수 있었다는 사실이 매우 놀랍게 다가온다. 아마도 우리는 적어도 그녀가 이미 예수님의 여자 사도들 중에 뛰어난 사람임을 말하고 있는 누가복음에 속한 말씀 중 하나를 듣고 있는 것이다.[80]

결국 리처드 북크함 교수도 벤 위더링톤 교수와 동일한 주장을 한 셈이다. 그러나 한 가지 문제가 있다. 만약 그렇다면, 정말 로마서 16장 7절의 유니아와 누가복음 8장 3절의 요안나가 한 명의 동일한 여자라면, 남아 있는 서로 다른 두 남편(구사 & 안드로니고)의 문제는 어떻게 되는가? 이 질문에 대해 리처드 북크함 교수와 벤 위더링톤 교수는 다음과 대답했다.

> 그냥 얼핏 보기에는 이것이 전혀 터무니없는 추측으로 보일 수도 있다. 왜냐하면 유니아가 안드로니고Andronicus라는 이름을 가진 남편과 결혼했는데 안드로니고라는 그 이름이 구사Chuza라는 이름과 연결이 안 되기 때문이다. 하지만, 안드로니고는 본명이 아닌 정복자conqueror of men라는 뜻을 가진 그의 별명nickname일 가능성도 있다.[81]

---

80) Richard Bauckham, *Gospel Women: Studies of the Named Women in the Gospels* (Grand Rapids, Michigan: William B. Eerdmans Publishing Company, 2002), 184.

81) Ben Witherington III, *What Have They Done With Jesus?*, 18.

그녀(유니아-필자 주)는 누가복음에 기록된 요안나일 가능성이 있지 않을까? 나는 그렇다고 믿는다. 그럼 아마 누군가 다음과 같이 물을 수 있다. "그러나 그의 남편 구사는 어떻게 되는가?" 나는 이렇게 추측한다. 요안나는 구사와 이혼한 뒤 안드로니고와 재혼했다. ……구사가 요안나와 이혼한 이유는 자기 부인이 자신이 섬기는 왕을 비난하는 선지자들을 위해 자기가 벌어온 돈을 함부로 사용했기 때문이다. 이런 상황에서 구사가 계속 요안나를 자신의 아내로 데리고 살았다면, 그의 상사 헤롯 안티바스는 구사를 자신의 청지기로 남겨두기 힘들었을 것이다. 이러한 이혼설은 요안나가 주후 30년경 유월절을 지키기 위해 예루살렘으로 자유롭게 떠날 수 있었던 이유를 설명해 준다.[82]

그렇다면, 그녀의 남편은 어떻게 되는가? 라틴어 이름 안드로니고는 구사에 의해 선택된 이름일 수 있다. ……그러나 이런 추론도 가능하다. 요안나는 이미 예수님 사역 당시 과부였을 것이다. 그러므로 안드로니고는 요안나가 남편과 사별한 후 얻게 된 두 번째 남편일 수 있다. 다시 한 번 나는 이 유일한 가능성을 말한다.[83]

정리하자면, 총 세 가지 가능성이다. ① 구사가 본명이고 안드로니고는 별명이다 ② 요안나는 기독교에 적대적인 남

---

[82] Ibid., 20.
[83] Richard Bauckham, *Gospel Women: Studies of the Named Women in the Gospels*, 186.

편 구사(헤롯의 하수인)와 이혼하고 유월절을 지키기 위해 예루살렘에 간 뒤, 복음전파활동을 하던 중 신실한 기독교인 안드로니고를 만나 재혼하고, 훗날 로마에 정착하게 되었다. ③ 구사는 요안나의 첫 번째 남편이고, 안드로니고는 구사가 일찍 죽은 후 요안나가 뒤에 얻게 된 두 번째 남편이다. 물론 이러한 주장은 어디까지나 아직 객관적 사료에 의해 정확하게 검증되지 않은 추측일 뿐이다. 하지만 요안나(유니아)의 남편에 대한 질문에 대답해 줄 수 있는 최소한의 참고 추론은 된다고 본다.

유니아와 연결된 요안나를 향한 학자들의 상상력은 여기서 끝나지 않는다. 김중기 교수는 요안나가 '여성해방운동자'였음을 다음과 같이 주장했다.

> 요안나는 남이 부러워할 만한 남편이 있었음에도 또 가정생활이 원만했음에도 불구하고, 게다가 상류층 귀부인이었음에도 또 왕실 측근으로서 배반자라는 누명을 쓰게 될 위험이 있었음에도 불구하고, 그 모든 것에서 해방되어 예수 추종자가 되었으며 끝까지 그를 섬기고 예수 운동에 동참하였습니다. 이것이 바로 여성해방의 모델이 아닐까요?[84]

> 요안나를 저는 과감히 '여성해방을 실천한 여인'이라고 부릅니다. 그것은 그녀가 어떤 이유에서든 남편과 가정을 떠나 자유로운 인격체로서 예수님이 선교사업에 동참했기

---

[84] 김중기, 『성서 속의 여인들』, (서울: 도서출판 예능, 1991), 203쪽.

때문입니다. ……요안나에 대한 기록이 미미하다 할지라도 그녀가 '헤롯의 청지기 구사의 아내'였다는 사실은 요안나에 대한 많은 의문을 풀어주는 결정적 열쇠가 되었습니다.[85]

마침내 그녀는 여성 공동체의 지도자가 되어 예수를 돕는 훌륭한 여제자가 됩니다(장 클로드 베로Jean Claude Barreau가 쓴 『예수에 관한 추억들』이란 책 속에도 요안나는 여성 공동체의 지도자로 묘사되고 있음)[86]

이처럼 요안나를 향한 학자들의 상상력은 매우 풍부하다.[87]

---

85) 위의 책, 205쪽.

86) 위의 책, 209쪽.

87) 누가복음 8장 3절에 소개된 헤롯의 청지기 구사의 아내 요안나와 관련하여 또 하나 재미있는 가설이 있다. 요안나가 누가복음의 수신자인 데오빌로(누가복음 1장 3절)의 손녀라는 가설이다. 이 가설은 1984년에 "대제사장 데오빌로의 손녀 요안나의 납골당"이라는 글귀가 새겨진 아람어 석비문(石碑文)이 발견된 이후 생겨났다. 그렇다면, 이 가설은 아주 재미있는 추가 가설을 더 낳게 한다. 누가복음의 수신자 데오빌로는 대제사장이었으며, 그의 손녀 요안나가 헤롯의 청지기 구사와 결혼하여 그의 아내가 되었고, 그녀가 또한 로마서 16장 7절에 나온 유니아와 동일인이라는 추론이다. 그렇다면 유니아는 결국 누가복음의 수신사 데오빌로 각하의 손녀라는 파격적인 가설까지 나오는 셈이다. 그러나 아직까지 이 부분에 대한 더 확실한 사료(史料)가 아직 발견되지 않았기 때문에 이런 가설은 아직까지 그냥 재미있는 낭만적 주제일 뿐이다. 따라서 이것은 추측에 의한 하나의 학문적 가설이지 정확한 정보는 아니다. 그러므로 이것에 대한 보다 정확한 검증은 앞으로의 신약학계에서 다루어져야 할 문제이며, 여기서는 이러한 흥미로운 가설도 있다는 것을 소개하는 것으로 만족하려 한다. 발견된 비문에 대해서는 다음을 참고하라. Flusser D. Barag D., "The Ossuary of Yehohanah Granddaughter of the High Priest Theophilus," *Israel Exploration*

어쨌든 중요한 것은 이것이다. 요안나를 소개한 누가(사도행전)나 유니아를 소개한 바울(로마서)이나 두 사람 모두 주후 1세기 여성사역자에 대해 매우 호감을 가지고 열린 마음으로 그들을 대했다는 점이다. 일단 누가복음과 사도행전을 기록한 누가는 바울과 함께 전도여행에 동행했던 사람이고, 동시에 바울의 말년末年까지 그 옆에서 떠나지 않았던 사람이다(딤후 4:11). 바울은 말년에 함께 있던 누가에게 예수 그리스도에 대해 전함으로 누가복음과 사도행전의 정보를 제공했을 것이며(실제로, 사도행전 중반부 이후에는 바울 이야기만 나온다), 디모데와 마가를 로마로 불러 디모데에게는 목회적 유산을 남기고 마가에게는 신학적 유산을 남긴 듯하다(딤후 4:11, 21). 그러므로 마가는 예수님의 생애에 대해서는 베드로에게 듣고, 예수님의 신학에 대해서는 바울에게 들었을 가능성이 커진다. 또한 누가는 이방인이었으며 바울 또한 이방인을 위한 사도였다(갈 2:8). 누가도 여인들에게 우호적이었고, 바울도 여인들과 함께 사역을 잘했다. 이러한 모습은 빌립보 교회 루디아와의 관계 속에서 더욱더 잘 나타난다(행 16:12-40) 이때도 누가와 바울은 함께 있었다.

이런 점을 유니아(요안나)의 사례와 연결해 보자. 이렇듯 항상 같이 했던 두 남자(누가와 바울)를 도왔던 여자는 한 여자인데, 누가는 그 이름을 히브리식 요안나로 기록하

Journal, Vol. 36, (1986/Jan): 39-45.

고, 바울은 그 이름을 라틴식 유니아로 기록했을 가능성을 엿볼 수 있다. 그럴 경우 일단 중요한 것은 유니아가 분명한 여자였으며, 아주 기독교 공동체 형성 초기부터 예수님과 바울을 도왔을 사도일 가능성이 크다는 점이다.

그러나 이러한 주장에도 불구하고, 역사적으로 볼 때 의도적으로 유니아의 여자 사도성을 부정한 사례가 많다.[88] 아마 앞에서 언급했지만, 어떤 경우 고대 성경사본과 영어 성경에는 유니아라는 여성형 이름이 남성형 이름인 유니아스(Junias: NIV, RSV, NASB, TEV, NJB)로 바뀐 것을 볼 수 있다. 그러나 이것은 바로 잡으면 사실상 유니아이다.(KJV, NRSV, REB)[89] 그러므로 냉정하게 따지자면 유니아를 유니아스로 기표한 영어번역 성경은 잘못된 오역誤譯이라 할 수 있다.[90]

이러한 이름의 잘못된 변형은 13세기 교황 보나페이스 8세Boniface VIII와 그와 같은 시대를 살았던 가톨릭 사제 길레스Giles에 의해 이루어졌다. 토마스 아퀴나스Thomas Aquinas의 제자였던 길레스는 그의 스승 토마스 아퀴나스가 쓴 『신학대전』이라는 책에서 "여성은 남성보다 모든 면에서 열등하다"는 구절을 인용하며 여자들을 교회활동과 사역에서 소외시켰고, 한 때 수녀원 활동도 약화시켰었다. 그러므로

---

88) E. Margaret Howe, Women & Church Leadership, 김희자 옮김, 『여성과 성직』, 33-36쪽.

89) Victor Paul Furnish, *The Moral Teaching of Paul: Selected Issues*, 3rd Edition (Nashivill: Abingdon Press, 2009), 123-24.

90) Eldon Jay Epp, *Junia: The First Woman Apostle*, 23-68.

당연히 그에겐 여자 사도란 반대할 수밖에 없는 조항이었다. 따라서 그는 교황을 선동해서 논쟁의 중심에 있는 유니아가 여자가 아닌 남자임을 고집했던 것이다.[91] 이러한 성별性別의 빗나간 변형은 잘못된 기독교 전통의 부서진 흔적이다.[92] 그렇다면 정말 그러한가? 이 부분에 대해 깊이 연구한 학자들의 결론을 인용해 본다.

> 최근에 새로 출판되고 있는 주석들은 유니아가 한때 초대교회의 사도로서 존경받아 온 인물이었으나, 훗날 여자 사도의 존재성에 대해 불쾌감을 가지고 있는 교회지도자들이 그녀의 이름을 바꾸었다고 설명한다.[93]

> 가장 놀라운 것은 유니아는 바울보다 더 먼저 개종한자로서 역시 사도인 것이다. 이 사실은 많은 주석가들로 하여금 유니아보다 남성형 유니아스가 더 적당한 이름이라고 생각하도록 했다. ……왜 여성은 바울에 의해서 사도로 불릴 수 없다고 생각해야 하는가? '사도'란 단어는 넓은 의미에는 위임과 함께 보냄을 받은 자이다. ……오직 여인이 사도가 될 수 없다는 그 밖의 성서적 가정은 많은 주석가들로 하여금 유니아스를 유니아로 읽는 것을 금지한다.[94]

---

91) Rena Pederson, *the Lost Apostle: Searching for the Truth About Junia*, 127-52.

92) Boice, James Montgomery. *Romans 12-16*. Vol. 4 (Grand Rapids, Michigan: Baker Book House Co, 1995), 1922.

93) Rena Pederson, *the Lost Apostle: Searching for the Truth About Junia*, 3.

94) Don Williams, *The Apostle Paul and Women in the Church*. 김이봉 옮

"유니아"는 수세기 동안 남자로 오인되었었다. ……여성 이름인 '유니아'는 로마제국에서 아주 흔한 이름인 반면, 남성이름 Junianus의 축약형인 '유니아스'는 어디에서도 나오지 않는다. ……초대 교회 교부들도 항상 안드로니고의 동반자를 여성 '유니아'로 생각하였다. ……7절에 함께 언급된 "안드로니고와 유니아"는 결혼한 선교사 부부로 같이 여행한 것으로 보인다.[95]

우리는 유니아가 여성 사도로서 사도들 중에서도 뛰어났으며 존경받았던 인물임을 분명히 알 수 있다. 그럼에도 불구하고 사도 유니아는 성서의 번역과정에서 사도들에게 잘 알려진 평신도로 오역된 것이다. ……유니아는 남성으로 오역되기도 했다. 이 같은 오역들은 "여자가 어떻게 사도가 될 수 있느냐?" 하는 당시 번역자들의 남성 중심적 사고의 산물로 생각된다.[96]

이것은 유니아스가 아니라 유니아, 즉 여성의 이름일 가능성이 충분히 있다. ……유니아는 여성의 이름인 것이다. 더욱이 유니아스라는 남성 이름은 실제로 당시에 찾을 수 없었는 데 비해 ……유니아라는 여성 이름은 그 시대에 얼마

김, 『바울과 女性』(서울: 기독교문사, 1982), 53-54.
95) 이한수, 『복음은 구원을 주시는 하나님의 능력』(서울: 이레서원, 2008), 1539-40쪽.
96) 최우혁, "평등한 교회 여성들의 동역자-바울," 한국여신학자협의회 엮음, 『새롭게 읽는 성서의 여성들』(서울: 대한기독교서회, 1994), 416쪽.

든지 있었다. 그렇다면 왜 유니아일 가능성을 성서학자들은 생각하지 않았을까? ……왜 7절에서는 유니아스가 유니아일 가능성도 있었다는 주는 없는 것일까? 그것은 이 두 사람이 사도라고 되어 있기 때문이다. 즉 여자 사도가 있을 수 없다는 종래의 남성 성서학자들의 '상식'이 본문의 과정에 영향을 미치고 있었다는 이야기이다. ……사도는 부활하신 예수를 만난 자에게 자격이 있다. 부활하신 예수를 만난 사람은 결코 남성에 한하지 않는다. 즉 여성도 넓은 의미의 사도 ……그 속에 있었을 가능성은 충분히 있다.[97]

여인들 중에는 '사도'로 활동한 여인도 있었다. ……(롬 16:7). 여기에 언급된 '유니아'는 분명히 여인의 이름이다. 그럼에도 불구하고 남성 신학자들 중에는 여성이 '사도'로 불릴 수 없다는 편견을 가지고 유니아를 남성으로 보려는 사람들이 있다. 그러나 유니아가 여성으로서 사도로 불린 사실에 대해 칭송하는 글이 오래 전 교부시대의 문헌에 들어 있으며, 오늘날 양식 있는 대부분의 학자는 유니아가 여성으로서 '사도'로 불렸다는 점에 동의한다.[98]

유니아를 향한 이러한 왜곡歪曲과 곡해曲解는 과거에 정확한 증거도 없이 성경 속 막달라 마리아를 무조건 창녀로 몰아붙인 경우와 비슷하다 할 수 있다. 누가복음 7장 36

---

97) 荒井獻.『新約聖書の女性觀』. 金允玉 譯,『신약성서의 여성관』, 187–89쪽.
98) 최영실,『신약성서의 여성들』(서울: 대한기독교서회, 1997), 213쪽.

절-50절에 보면 "죄를 지은 한 여자"가 예수님께 옥합을 깨뜨리고 예수님의 발에 향유를 붓는 장면이 나온다. 이 사건에 대하여 주후 591년-594년 어간에 가톨릭 그레고리 교황(Pope Gregory the Great, 540-604)은 아무 증거도 없이 그 '죄 지은 여자(눅 7:37)'가 창녀임을 주장했고, 그 창녀가 바로 그 뒤 누가복음 8장 2절에 나오는 막달라 마리아라고 선언함과 동시에 더 나아가 그 여인이 요한복음 8장의 간음하다 잡힌 여자와 동일한 사람이라 주장했다.[99] 그러나 두 여자는 분명히 서로 다른 여자다. 그럼에도 불구하고 교황의 이 선언은 '신성불가침神聖不可侵의 교리dogma'가 되어버렸고, 그 뒤부터 막달라 마리아는 아무런 변호의 기회도 얻지 못하고 창녀라는 억울한 누명을 쓰고 지금까지도 오해받는 비극의 여인이 되어버렸다.[100]

그렇다면 정말 그럴까? 교황의 그 선언이 사실일까?

예수님께 향유를 부은 사건은 4복음서에 모두 나온다. 그것도 다섯 번이나 나온다(마 26:6-13 / 막 14:3-9 / 눅 7:36-50 / 요 11:1-2, 12:1-8). 그 중 두 번이 요한복음에 나오며, 심지어 요한복음은 그 여인이 누구인지 그녀의 이름까지 정확히 기록하고 있다. 그 여인의 이름은 바로 죽었다가 다시 살아난 나사로의 누이 베다니 마리아다(요 11:1-2,

---

99) Susan Haskins, *Mary Magdalen: Myth and Metaphor* (New York: Harcourt Brace & Company, 1993), 16.

100) Bruce Chilton, *Mary Magdalene: A Biography* (New York: Doubleday, 2005), 59.

12:1-8). 이것을 도표로 정리하면 다음과 같다.

성경	마태복음	마가복음	누가복음	요한복음
성구	26장 6절-13절	14장 3절-9절	7장 36절-50절	12장 1절-8절
누가	한 여자	한 여자	죄인인 한 여자	베다니 마리아
어디서	베다니 시몬의 집	베다니 시몬의 집	바리새인 시몬의 집	베다니
어디에	머리	머리	발	발
무엇을	향유 한 옥합	나드 한 옥합	향유 담은 옥합	나드 한 근

많은 학자들은 요한복음 12장, 마태복음 26장, 마가복음 14장의 비슷한 기록을 비교하여 이 향유사건은 모두 나사로의 누이 베다니 마리아가 베다니 지역의 문둥이 시몬이라는 바리새인의 집에서 행한 동일한 사건으로 인정하고 있다.[101] 그러나, 문제는 누가복음 7장이다. 왜냐하면 누가복음 7장만큼은 그 내용이 다른 복음서와 좀 다르기 때문이다. 일단 장소가 베다니도 아니며, 특별히 주인공인 여자에 대해 "그 동네 죄 많은 여인"이라 소개하고 있다 (눅 7:36-37). 그러므로 최소한의 다른 가능성을 찾자면, 마태복음, 마가복음, 누가복음의 향유사건은 나사로의 누이 베다니 마리아가 행한 것이고, 누가복음의 향유사건은 그 당시 예수님을 믿고 따랐던 또 다른 제3의 여인에 의해 독립적으로 이루어진 사건일 수도 있다. 따라서 향유사건은 일회적 사

---

101) D. A. Carson, *The Gospel According to John* (Grand Rapids, Michigan: Wm. B. Eerdmans Publishing Co., 1991), 426-27.

건이 아닐 수도 있다. 아니면 이런 향유사건이 몇 여인에 의해 여러 번 이루어졌을 수도 있다. 그러나 이것마저도 확실한 해석은 아니다.[102]

어쨌든 현재 우리가 초점을 맞추고 있는 문제는 여기에 있다. 누가복음 7장의 그 여인이 "죄를 지은 한 여자"였다 해서 그것을 무조건 막달라 마리아로 몰아붙이는 것에 큰 문제가 있다는 점이다. 그러나 그렇게 몰아붙이는 사람들은 그 이유에 대해 향유 붓는 사건 바로 뒤에 막달라 마리아가 소개되고 있기 때문이라고 답변한다(눅 8:1-3). 그러나 단순히 이 이유 하나 때문에 막달라 마리아를 죄 많은 여인이라 하고, 그녀의 죄가 창녀행위였다고 몰아세우는 이러한 해석은 너무나 터무니없는 주장이다.[103] 성경 그 어디에도 이 "죄를 지은 한 여자"가 막달라 마리아임을 입증하는 구절이 없다. 한 마디로, 막달라 마리아가 향유사건과 관련된 창녀라는 증거는 성경 그 어디에도 없고, 심지어 그 외 외경外經이나 위경을 비롯한 일반 다른 역사자료에도 없다. 그저 있는 것이라곤, 아무런 증거도 없이 무책임하게 내뱉은 그레고리 교황의 헛된 선언과 그 선언이 정설定說인 것으로 믿고 무조건 막달라 마리아를 창녀로 오해한 후대 사람들의

---

102) 한규삼, 『요한복음 다시보기』 (서울: 아가페출판사, 2002), 127-30쪽.
103) I. Howard Marshall, *The Gospel of Luke* (Grand Rapids, Michigan: Wm. B. Eerdmans Publishing Co., 1978), 304-13.

잘못된 인식뿐이다.[104]

　정말 막달라 마리아는 교황의 말처럼 그런 여자였는가? 절대로 그렇지 않다! 이 점에 대해 소기천 교수의 말을 들어 본다.

> 비록 막달라 마리아가 베드로의 그늘에 가려 있지만, 부활한 주님을 제일 먼저 만난 사람은 막달라 마리아다. ……일곱 귀신에게서 놓은 후 갈릴리로부터 와서 자기 소유로 예수를 도왔으며(눅 8:2-3), 예수가 십자가에 달린 순간에도 곁에 있었다 ……(눅 23:49). ……막달라 마리아는 십자가 사건을 보았고 무덤에 예수의 시체를 안치하는 것도 보았다(막 15:47). ……향품을 가지고 안식일 다음날 새벽에 예수의 무덤을 찾아갔다(막 16:1). 거기서 ……부활한 주님을 만났다. ……모든 남성 제자들에 앞서, 부활 이후에 막달라 마리아가 새로운 위상을 갖고 부활을 증언하는 삶에서 새로운 역할을 할 것이라는 사실을 독자들에게 일깨워주는 상징적인 사건이다.[105]

　이처럼 막달라 마리아는 교황의 말과는 달리 오히려 십자가 끝까지 따라가 예수님의 죽음을 목격하고 예수님께서 묻히신 무덤까지 확인한 사람이며 더 나아가 예수님의 부활을 최초로 목격한 위대한 신앙을 가진 여인이다. 그러므로

---

104) Bruce Chilton, *Mary Magdalene: A Biography*, 7.
105) 소기천, "기독교와 이슬람의 여성 지위와 역할에 관한 예수 말씀의 연구," 『한국 기독교 신학논총』 Vol.70 (2010): 18쪽.

이제부터라도 우리는 막달라 마리아의 억울한 누명의 죄수복을 벗겨 주고, 그녀에게 위대한 여자 사도라는 새 옷을 입혀줘야 한다.

하지만 그럼에도 불구하고 아직도 우리들 옆에는 이렇게 잘못된 오해의 조각들이 여전히 남아 있다. 예를 들어 "값비싼 향유를 주께 드린……(21세기 새찬송가 211장/통일찬송가 346장)"이라는 찬양의 가사내용을 보면 다음과 같이 적혀있다.

"값비싼 향유를 주께 드린 막달라 마리아 본받아서……"

이때까지 추적한 결과에 비추어보면 이것은 분명히 잘못된 가사내용이다. 왜냐하면, 이 찬양의 가사내용은 위에서 언급한 막달라 마리아를 향한 잘못된 평가에 영향을 받은 것이기 때문이다. 그러므로 적어도 제대로 찬양하려면 다음과 같이 가사를 고쳐서 찬양해야 할 것이다.

"값비싼 향유를 주께 드린 베다니 마리아 본받아서"

이와 같은 사례를 볼 때 우리는 교황무오설無誤說이라는 잘못된 교리 속에서 저질러진 무책임한 가톨릭 교회의 선언들이 그 동안 얼마나 잘못된 결과를 낳아왔는지 알 수 있다. 이로 인하여 얼마나 많은 엉뚱한 주장이 생겼으며, 얼마나 많은 사람들이 억울한 누명을 쓰고 죽었는지 모른다. 그 중에 대표적인 무리가 바로 여자들이었다. 여성신학자 김호경 박사의 말과 같이 "내가 잘못한 것도 아닌데, 내가 어쩔 수 있는 범위 밖에서 일어난 일인데, 그 때문에 고통과 상처를 받아야 한다는 것이야말로 가장 비성서적이며 비기독교적인 일이다."[106] 우리가 흔히 말하는 중세의 '마녀사냥'이 바로 여기서 나온 것이다. 그 중에 막달라 마리아가 있었고, 현재 우리가 추적하고 있는 로마서 16장 7절의 여자 사도 유니아가 있었다.

실제로 유니아는 그녀를 사도로 지지하고 있는 사람들에게 심지어 순교자로 인정될 만큼 신실한 여인으로 인정받고 있다. 특별히 동방정통교회Orthodox Church의 경우 이 점은 너무나 확실한데, 이 점에 대해 레나 페더슨은 이런 글을 남겼다.

> 동방정통교회의 기록에 따르면, 안드로니고와 유니아는 매우 적대적인 환경 속에서 죽었다고 한다. ……동방정통교회에서는 매년 5월 17일을 이 두 사람의 순교사역을 기념하는 성일聖日로 정하고 지킨다. ……그들의 성인목록calendar of saints' days에는 유니아도 들어있다. ……바질 황제의 성인축일표menology of Emperor Basil Porphyrogenitus는 유니아가 세상과 육체를 향해서는 죽고, 하나님만을 위해서는 살아남아 자신의 일을 감당해낸 존경받는 여인으로 묘사하고

---

106) 김호경, 『여자, 성서 밖으로 나오다』(서울: 대한기독교서회, 2006), 182쪽.

있다.[107]

유니아는 과연 어떻게 죽었을까? ……동방정통교회에서 유니아를 성인saint과 순교자의 반열에 올려놓은 이후로, 우리는 감히 그녀가 그녀의 신앙을 굳건히 지키다 죽었음을 추측할 수 있게 되었다. 실제로 그녀는 성화聖畵 위에 그녀가 순교자의 십자가를 지고 있는 모습으로 그려지고 있다. 우리는 이미 바울이 로마에 편지를 쓸 당시 유니아가 로마에 있었음을 알고 있다(주후 55년). 만약 그녀가 바울이 순교할 때까지 로마에 함께 있었다면(주후 67년), 그녀 또한 바울과 함께 네로 황제의 박해를 경험했을 것이다(주후 64년) ……물론, 나는 공식적인 순교자 명단에서 유니아의 이름을 찾을 수 없었다. 그러나, 많은 역사학자들이 나에게 말해 준 것처럼, 순교자 명단에 그녀의 이름이 없다는 것이 그녀가 순교자가 아님을 뜻하는 결정적인 조건은 못된다. 마치 원형 경기장 안에서 순교했다는 베드로도 그가 순교했다는 기록이 없는 것처럼……[108]

이러한 논리에서 보자면, 유니아 또한 막달라 마리아와 함께 주후 1세기의 당당히 예수님을 위해 헌신했던 여자 사도였다. 만약 유니아가 막달라 마리아와 함께 예수님을 따르고 섬겼던 요안나와 동일한 인물이라면(눅 8:2-3, 눅

---

107) Rena Pederson, *the Lost Apostle: Searching for the Truth About Junia*, 190-91.
108) Ibid., 182.

24:10), 두 여인은 정말 친밀한 관계 속에서 처음부터 끝까지 예수님을 따르고 섬겼던 사람이며 훗날 로마에서도 함께 사역했을 가능성이 있다. 그래서 바울도 로마서에서 그 두 여자를 함께 나란히 언급했는지도 모른다(롬 16:6-7).

> 6) 너희를 위하여 많이 수고한 마리아에게 문안하라
> 7) 내 친척이요 나와 함께 갇혔던 안드로니고와 유니아에게 문안하라 저희는 사도에게 유명히 여김을 받고 또한 나보다 먼저 그리스도 안에 있는 자라

그러나 그럼에도 불구하고 그녀들 역시 가톨릭의 편협한 남성중심의 전통 속에서 의도적으로 무시된 억울한 피해자다. 왜냐하면 성경이 증거하고 있는 바와 같이, 막달라 마리아는 예수님의 부활을 처음 목격한 여성 사역자로서 인정받은 성경 속의 여인이며, 유니아 또한 사도 바울의 사역에 같이 동역하였을 여자 사도일 가능성이 크기 때문이다.[109]

---

109) Bruce Chilton, *Mary Magdalene: A Biography*, 108.

〈요약〉

자! 여기까지가 로마서 16장 7절을 중심으로 추적해 본 유니아의 모습이다. 결국, 하나님께서는 사도 바울의 편지인 로마서 16장 7절 말씀을 통하여 유니아에 대해 총 다음과 같은 여섯 가지 정보를 계시해 주셨다.

1) 그녀는 여자였다.
2) 그녀는 안드로니고의 아내였다.
3) 그녀는 바울보다 먼저 기독교인이 되었던 여자였다.
4) 그녀는 친척처럼 바울과 같은 유대민족(베냐민 지파)에 속한 여자였다.
5) 그녀는 바울과 함께 감옥살이를 했거나 '옥바라지'를 했던 여자였다.
6) 그녀는 주후 1세기 특별히 구별된 사도들 가운데 여자 사도였다.

* 추가정보: 그녀는 〈누가복음 8장 3절〉의 요안나와 같은 사람일 수 있다.

제5장

유니아는 왜 중요한가? (why)

그렇다면 유니아는 왜 중요한가?

이 질문에 대해 오랜 기간 유니아를 연구해온 미국의 방송인이자 여성 지도자인 레나 페더슨은 다음과 같이 대답했다.

> 유니아의 재발견은 오늘날 여성도 교회 안에서 설교하고 가르칠 수 있음을 입증하는 성서적 선례라는 점에서 매우 중요하다. 이때까지 사도 바울은 교회 안에서 여자들은 잠잠해야 한다고 주장한 속 좁은 사람으로 인정되었는데, 유니아를 향한 이러한 바울의 칭찬은 실제 목회사역에 있어 그가 매우 열려있는 사람임을 보여준다. ……이것은 여자

에게 있어 자신들도 교회 안에서 많은 일을 하며 자신들의 믿음을 지켜 나갈 수 있다는 하나의 믿음이 된다. ……그러므로, 이러한 유니아와 같은 초대교회 여성 사역자들의 재발견은 오늘날 여성성도들에게 매우 큰 위안과 소망을 준다. 하나님께서는 남자뿐만이 아니라 여자와도 함께 동역하시기 원하신다.[1]

레나 페더슨의 말에 따르면 유니아는 오늘날 기독교 여성사역의 성서적 사례가 되며 여성을 향한 바울의 인식에도 새로운 관점을 제시할 뿐만 아니라, 오늘날 기독교 여성들에게 새로운 희망과 소망을 준다는 점에서 매우 중요하다. 필자 또한 그녀와 같은 생각이다. 그래서 필자는 여기서 유니아의 어떤 모습과 사역이 그러한 결과를 맺게 하는지 설명하고자 한다. 과연 왜 유니아는 오늘날 21세기 여성사역을 위해 중요한 인물인가?

1. 유니아는 사도 바울의 여자 동역자였기 때문이다.

흔히 우리는 사도 바울을 남녀차별을 주장하는 편협한 사도로 인정할 때가 있다 (고전 14:34-35). 그러나 유니아의 존재는 바울이 절대로 그런 인물이 아니었음을 보여준다. 오히려 유니아의 이러한 재발견은 사도 바울의 사역이 여자 성도를 중심으로 한 사역이었음을 강조한다. 로마서

---

[1] Rena Pederson, *the Lost Apostle: Searching for the Truth About Junia* (San Francisco, CA: Jossey-Bass, 2006), 9.

16장에 여자들의 이름이 남자들과 더불어 많이 언급되는 것도 그 증거 중에 하나가 될 수 있다. 그 중에 유니아가 군계일학群鷄一鶴인 것이다.[2]

2. 유니아는 "여자들 중의 사도"였기 때문이다.

성경 속에는 훗날 사도로 인정받았을 것으로 추측되는 여성 사역자들의 대한 이야기가 종종 나온다. 그러나 유니아처럼 사도 바울에 의해 직접적으로 사도라고 칭함을 받은 사람은 한 사람도 없다. 실제로 우리는 성경 속에 기록된 뵈뵈(로마서 전달자), 막달라 마리아(부활의 증거자), 브리스길라(바울의 동역자), 루디아(빌립보 교회), 베다니 마르다와 마리아(옥합의 향유사건) 등과 같은 여자들은 잘 알고 있다. 그러나 그들 중 어느 누구도 성경 속에서 공식적으로 직접 사도라고 불린 기록은 없다.

하지만 유니아의 경우는 다르다. 우리가 지금까지 추적한 결과를 긍정적으로 본다면, 그녀는 사도 바울이 직접 당당히 사도라고 불렀던 여자 사도였다. 그래서 한국 최초의 신학자 남궁혁 박사도 유니아를 예수 그리스도의 친親 사도이며 예수님의 친 제자라고까지 했다.[3] 그런데 이상하게도, 다른 여자들은 잘 알면서 정작 이러한 여자 사도 유니아에

---

[2] John Chrysostom, in J. P. Migne, *Patrologica Graeca,* Vol. 60 (Paris, 1862), cols. 669-70.

[3] 소기천, 『남궁혁의 로마서 강해』(서울: 장로회 신학대학교 출판부, 2004), 354쪽.

대해 아는 사람은 거의 없다. 그러므로 그 동안 성경 로마서 16장 7절 속에 수줍게 숨어 있었던 이러한 유니아의 '여사도적 정체성의 재발견'은 그야말로 신학계에 '코페르니쿠스적인 전환Kopernikanische Wendung'이라 할 수 있다.[4] 왜냐하면 이것은 그 당시 여자도 당당한 사도로서 주후 1세기 초대 기독교 세계에 떳떳한 자리매김을 할 수 있었다는 것을 보여주는 확실한 성서적 증거이기 때문이다.

3. 유니아는 로마 교회의 여자 개척자일 수 있기 때문이다.

유니아가 여자 사도라는 점을 감안할 때, 우리는 그녀가 주후 1세기 로마 교회 설립에 중요한 한 몫을 여자임을 상상할 수 있다.[5] 그 당시 로마 교회는 여성의 역할이 중요한 '가정교회'였고, 로마에 있던 유니아는 바울로부터 감히 사도라 칭함을 받고 심지어 다른 여러 사도들 중에 뛰어난 사람이라 칭찬을 받았던 여자다. 그렇다면 당연히 유니아가 로마교회 설립에 한몫을 감당했음을 짐작할 수 있다. 그래서 유니아는 우리가 이때까지 추적한 여자 사도라는 측면에서 볼 때 아직까지도 그 정체가 확실히 밝혀지지 않은 로마

---

4) Eldon Jay Epp, *Junia, the First Woman Apostle* (Minneapolis, MN: Augsburg Fortress, 2005), 79–81.

5) Rena Pederson, *the Lost Apostle: Searching for the Truth About Junia*, 14.

교회의 주요 설립자 중 한 사람일 가능성이 크다.[6]

우리가 이미 앞에서 살펴보았듯이, 주후 1세기 당시 로마에 교회가 존재했다는 것은 분명한 역사적 사실이다. 일단 사도 바울이 로마 교회에 쓴 편지 로마서와 누가가 쓴 사도행전 28장 11절-15절의 말씀이 그것을 증명한다. 그러나 그 로마에 어떻게 기독교가 전달되었으며 어떤 과정을 통하여 기독교 공동체가 그 도시에 이루어졌는지에 대하여는 아직 아무도 모르고 있다. 왜냐하면 아직까지 그것을 명쾌하게 증명해 줄 확실한 사료가 발견되지 않았기 때문이다.

그래서 이 문제를 해결하기 위한 몇 가지 가설들이 생겨났다. 그 중에 하나가 바로 오순절 성령강림 사건을 함께 목격했던 로마에서 온 나그네들이다(행 2:10). 이때 로마에서 온 나그네들 중 유대인과 유대교에 들어왔던 사람들 가운데 베드로의 설교를 듣고 예수 그리스도를 믿게 된 사람들이 있었다(행 2:14-36). 성경의 증언으로는 그 때 세례를 받고 예수 그리스도를 믿어 기독교인이 된 사람들이 3천 명이나 되었다고 한다(행 2:37-41). 그러므로 이때 로마에서 예루살렘에 온 사람들 중에 그 일부도 이 3천 명 중에 속해 있었을 것이다. 그리고 그들은 로마로 돌아간 뒤 로마에 복음을 전파하고 그 과정에서 때가 차매 하나님의 은혜 가운데 몇

---

[6] 이상규, "바울 공동체의 사람들," Hermeneia Today. 제27호 (2006/6월): 130-39쪽.

몇 가정교회가 세워졌을 수 있다.[7] 물론 이것은 성경이 침묵하고 있는 내용이기 때문에 그 역사적 정확성을 따질 수는 없다. 그러나 이것은 성경말씀의 내용을 면밀히 묵상한 결과로서 충분히 참고할 만한 가능성이 있는 추측이다.

그렇다면 "그 때 오순절 성령강림 사건을 직접 목격하고 베드로의 설교를 통해 기독교인이 된 로마인들 중에 훗날 그 이름이 성경 속에 기록된 사람이 있지 않을까?" 그리고 그 사람들 가운데 안드로니고와 유니아가 있지 않았을까? 물론 확실치는 않지만 이 가능성을 완전히 무시할 수는 없다.

이 가능성에 대해 도레이J. Thorley는 유니아 부부가 사마리아나 유대지방에 얼마간 거주하다가 로마로 와서 복음사역을 했다고 주장했으며,[8] 레나 페더슨도 안드로니고와 유니아 부부가 오순절 베드로의 설교를 듣고 기독교인이 된 후 로마에서 사역한 사람들 중 하나라고 주장했고, 그 증거로 지금도 동방정통교회에서는 그렇게 믿고 그들을 위한 축제를 벌이고 있다고 설명했다.[9] 실제로 동방정통교회의 성화Icon courtesy 중에는 성 안드로니코스St. Andronikos와 성 아

---

7) J. B. Lightfoot, *St. Paul's Epistle to the Philippians* (London, 1868), 17.

8) J. Thorley, "Junia, a Woman Apostle," 18. P. Oakes, *Rome in the Bible and the Early Church* (Grand Rapids, Michigan: Baker Book, 2002), 106.

9) Rena Pederson, *the Lost Apostle: Searching for the Truth About Junia*, 103.

타나시우스St. Athanasius 옆에 유니아가 성 유니아St. Junia라는 이름으로 그들과 함께 서 있는 성화가 있다.[10]

그런데 그 당시 신약성경에 나타난 대부분의 교회는 가정교회였고 주후 1세기의 교회는 대부분 가정교회로 시작되었다(행 11:14, 행 16:14-15, 31, 34, 행 18:8, 고전 1:16, 고전 16:19, 롬 16:3-5, 빌 4:22, 골 4:15, 딤후 1:16, 딤후 4:19, 몬 1-2).[11] 그러다가 나중에 공동체가 점점 부흥하면서 보다 큰 조직교회로 발전했고, 급기야 주후 313년 콘스탄틴Constantine 황제가 그 유명한 밀라노 칙령Edict of Milan을 발표한 이후에 공식적인 건물이 들어선 바실리카basilica 교회가 세워지기 시작했다.[12] 그러므로 당연히 주후 1세기에 세워진 로마 교회도 가정에서부터 시작했을 것이다.[13] 물론 그러한 가정교회는 한군데가 아니었을 것이다. 여러 가정에서 정기적으로 또는 비정기적으로 함께 모였을 가능성이 크다. 또한 로마 교회는 어느 한 공동체에 의하여 그것도 어느 한 사람에 의하여 세워지지는 않았을 것이다.[14]

---

10) 성화사진을 직접 보려면 다음의 인터넷 사이트를 참고하라. www.oca.org http://ocafs.org

11) 홍인규, "바울과 가정교회," 『한국복음주의 신약학 연구』(2003, 2), 225-27쪽.

12) R. M. White, *Building God's House in the Roman World: Architectural Adaptation among Pagans, Jews, and Christians* (Baltimore: Johns Hopkins University Press, 1990), 23-24.

13) 박승로, 『21세기 목회의 새로운 대안 가정교회』(서울: 도서출판 세복, 2002), 34-38쪽.

14) 홍성철, "사도 바울의 에클레시아와 가정 교회," 『목회와 신학』 통권

그런데 이러한 주후 1세기 가정교회에는 한 가지 특징이 있다. 바로 그 가정의 안주인 되는 부인과 여자들의 역할이 매우 중요했다는 점이다. 그 당시 상황이 아무리 남성중심의 사회였다 해도 그래도 가정에서만큼은 여성의 역할이 결정적이었다.[15] 실제적으로 주후 1세기의 가정교회에서 여자는 예배, 교제, 교육, 사회봉사, 전도, 선교에 있어 정말 중요한 역할을 감당하였다.[16] 이 사실에 대하여 김지철 목사(소망교회)는 다음과 같이 주장했다.

> 따라서 당시에 교회가 존속하고 지속될 수 있었던 요인 중에는 이렇듯 집을 제공한 사람들이 있었기 때문이다. 가정교회는 말하자면 복음이 증거되는 지역에 이어서 기독교 선교의 시작이며 중심으로서 말씀 증거와 예배를 위한 공간을 제공해 주고, 성만찬의 나눔을 가능케 해 주는 자리가 되었던 것이다. 가정교회 그리하여 가부장적인 가정의 구조를 넘어서게 하는 계기를 마련해 주게 된다. 여성들이 차지하는 지위와 역할을 한껏 고양시켜 준 자리가 되었기 때문이다. ……이로써 유대의 입문의식과 현격히 다르게 여성의 위치가 놓아졌으며, 더욱이 가정교회를 통해 여성들

221호 (2007/11월), 79-85쪽.

15) Everett Ferguson, *Backgrounds of Early Christianity*, Second Edition (Grand Rapids, Michigan: William B. Eerdmans Publishing Company, 1993), 70-72.

16) Carolyn Osiek & Margaret Y. MacDonald, *A Woman's Place: House Churches in Earliest Christianity* (Minneapolis, MN: Augsburg Fortress, 2006), 6.

의 삶의 자리는 세계 보편성과 평등성의 사상으로 확대되었던 것이다.[17]

특별히 가정교회를 주도한 여성들은 장소를 제공함으로써 공동체의 회합을 가능하게 했을 뿐 아니라 예배에 함께 참여했고, 더욱이 목회적인 돌봄에 있어서 필요한 경우엔 내외적으로 주어진 조건들을 만족시켜 나갔던 것으로 추정할 수 있다. 이렇게 볼 때, 원시 기독교 공동체의 산실이라고 할 수 있는 가정교회에서는 남녀의 역할 차이가 실제로 거의 드러나지 않았던 것을 알 수 있다. ……당시 개인적이고 공식적인 영역을 쉽게 구별할 수 없는 가정교회를 통하여 여성이 복음의 선교사역과 목회현장에 적극적으로 참여할 수 있었다는 것은 오늘 우리에게도 중요한 사실이라고 할 수 있다.[18]

그렇다! 물론 이것은 오늘날 21세기도 별 차이가 없다. 그래서 우리는 어떤 때 집안의 아내를 "내무부 장관"이라고까지 별칭別稱한다. 이러한 면에서 볼 때, 다른 사람도 아니고 이미 사도 바울에게 사도라 칭함을 받을 정도의 위치에 있었던 유니아가 로마에 있으면서 그냥 아무런 헌신 없이 가만히 있었을 리는 없었을 것이다. 분명히 그녀도 로마교회의 전신前身이 되는 로마 가정교회를 세우는 데 한 몫을

---

17) 김지철, "바울과 여성 선교동역자들(로마서 16장을 중심으로)," 『長神論壇』13집 (1999), 33-34쪽.
18) 위의 논문, 48쪽.

감당했을 것이다.[19] 사실상 성경 속에 바울과 함께 일하였던 여자들 중에 훗날 정식 조직교회로 발전되는 가정교회를 이루었던 여자들이 많다. 이 사실에 대해 미래 목회 연구자 이성희 목사(연동교회)는 다음과 같이 주장했다.

> 초대교회의 원형은 가정이었다. 콘스탄틴 대제가 기독교를 공인하기 전까지 외형적인 교회는 없었으며 그때까지는 가정이 곧 교회였다. 그런데 성경은 여성들이 교회의 설립에 깊이 관여한 것을 보여준다. 예루살렘교회가 마가의 다락방에서 시작된 것이라고 하지만 성경에서 볼 때 마가는 예루살렘교회가 설립될 당시까지도 철없는 청년에 불과했다. 그의 어머니 마리아가 유능한 초대교회의 지도자였기 때문에 그의 집에서 처음교회가 탄생된 것이 분명하다(행12:12). 빌립보교회는 루디아의 집에서 설립되었고(행 16:11-15, 40), 라오디게아교회는 눔바라는 여인의 집에서 설립되었으며(골 4:15), 브리스길라와 아굴라 부부는 에베소에 상당히 오랜 기간 동안 머물면서 바울과 함께 일한 것으로 보아 에베소교회 설립에 깊이 관여하였던 것으로 보인다(행 18:18-19, 고전 16:19).[20]

그렇다면 분명히 유니아도 예외는 아닐 것이다. 빌립보

---

19) Michael Glazier, *The House Church in the Writings of Paul*, 홍인규 옮김, 『초대교회는 가정교회였다』(서울: 기독교연합신문사, 2005), 104-5쪽.
20) 이성희, 『미래목회 대예언』(서울: 규장출판사, 1998), 352-53쪽.

의 루디아처럼 로마의 유니아도 여러 다른 여자 사역자들과 같이 훗날 로마조직교회의 원형이라 할 수 있는 로마 가정교회의 한 부분을 맡아 헌신했을 것이다. 이로써 결국 우리는 유니아가 주후 1세기 로마 교회 설립에 중요한 한 몫을 담당한 사람들 중에서 뛰어난 여자 사도였을 가능성을 내다볼 수 있게 되었다.[21] 그러므로 유니아는 아직까지 풀리지 않는 로마 교회 설립자의 한 사람으로 인정받고 있는 사람이며, 동시에 사도였고, 더구나 여자 사도였다.

바로 여기에 유니아의 중요성이 있다.
우리는 이제 결론적으로 유니아에 대하여 다음과 같이 정리할 수 있다.

> 바울의 친척으로서 로마에 살던 유니아는 오순절 성령강림 때에 예루살렘을 방문했다가 오순절 성령강림사건을 목격하고 그 자리에서 베드로의 설교를 듣고 난 뒤 기독교인이 되었으며(행 2:10), 이후 사도 바울과 함께 사역하면서 감옥에 갇히기도 하는 과정에서 사도가 되었고, 그 후 로마로 돌아가 자신의 집을 중심으로 복음을 전파하며 로마 교회의 개척에 한 몫을 감당했다.

자! 그럼 이제 다음 장에서 이러한 주후 1세기 유니아의

---

[21] L. Michael White, *From Jesus To Christianity* (New York: Harper San Francisco, 2004), 211.

모습과 헌신은 오늘날 21세기를 살아가는 우리에게 무엇을 가르쳐 주고 있는지 추적해 보자.

제6장
유니아는 무엇을 가르쳐 주는가?
(what)

하나님께서는 유니아의 여사도적 정체성을 통하여 우리들에게 다음과 같은 여섯 가지 교훈을 말씀해 주신다.

1. 성경에는 버릴 말씀이 무시할 말씀이 하나도 없다.
성경에는 버릴 말씀, 무시할 말씀이 하나도 없다. 그야말로 성경에 기록된 모든 말씀은 우리의 교훈을 위한 것이다. 이 사실에 대하여 하나님께서는 사도 바울의 글을 통해 다음과 같이 선포하셨다.

> 무엇이든지 전에 기록된 바는 우리의 교훈을 위하여 기록

된 것이니 우리로 하여금 인내로 또는 성경의 위로로 소망을 가지게 함이니라(롬 15:4)

그러므로 성경 속에 수록되어 있는 족보, 이름, 지명, 숫자, 짐승, 식물, 상징까지, 그 어느 것 하나 함부로 버릴 것이 없다. 그냥 임의로 쓰인 말씀이 없고, 그냥 함부로 기록된 이름이 없으며, 그냥 무조건 주어진 지명도 없고, 그냥 멋대로 사용된 숫자도 없고, 그냥 목적 없이 언급된 식물이나 짐승도 없다. 모두 다! 전부다! 하나도 빠짐없이 하나님께서 우리를 교훈하시기 위하여 성령 하나님의 감화 감동을 통해 성경에 기록해 놓으신 것이다. 그러므로 우리는 지금부터라도 다시 성경의 모든 구석구석을 신중히 성령 하나님의 은혜를 구하며 묵상할 필요가 있다. 그리고 그 말씀이 의미하는 바를 확실히 추적해서 성령 하나님의 조명 안에서 다시 새롭게 깨달을 필요가 있다.

2. 성경에는 숨겨져 있는 신앙의 선배들이 많이 있다.

성경에는 아직도 소개되지 않는 숨겨진 인물들이 많이 있다. 그 인물들도 당연히 하나님께서 사용하신 사역자들이다. 그러나 그들은 단지 많이 언급되지 않았다는 이유만으로, 또는 구석에 숨어 있다는 이유만으로, 아니면 자주 설교되지 않는다는 이유만으로, 지금까지 그렇게 소외되고 무시되었다. 로마서 16장 7절의 유니아도 마찬가지다. 하지만 자세히 들여다보면, 아직도 성경 속에는 이렇게 소개되지 않는 숨겨진 신앙의 선배들이 참 많이 있다. 물론 그들도 우리와 똑같이 부족한 사람들이며, 지극히 평범한 사람들이다. 그러나 하나님께서 불러 사용하셨고, 그들을 통하여 하나님의 영광을 나타내기 위해 사용하신 믿음의 위인들이요, 신앙의 인물들이다. 한 마디로 "무명인에서 유명인이 된 사람들Nobodies who became Somebodies"[1)]인 셈이다. 그러므로 우리는 이러한 성경 속 숨겨진 신앙의 인물들을 더욱더 많이 재발견할 필요가 있다. 그래서 그들을 오늘날 되살려내고 우리가 본받고 따라야 할 신앙의 선배로 자리매김할 수 있도록 해야 한다.

3. 성경에는 숨겨져 있는 여자 기독교인들이 많이 있다.

성경에는 숨겨진 인물들이 참 많이 있다. 그 숨겨진 인물들 중에 특별히 여자들이 있다. 한번 기회가 된다면, 성경 속에 기록된 여자들의 이름만 쭉 나열해 봤으면 하는 생각이 든다. 그냥 간단히 살펴보기만 해도, 성경 속에 참 많은 여자들의 다양한 이름들이 있다. 그리고 조금이라도 깊게 묵상해 보면, 그들이 모두 복음사역에 있어 절대로 무시할 수 없는 여자들임을 알 수 있다.[2)] 특별히 이러한 점은 누가

---

1) Lance Wubbels & Terry McDowell, *Nobodies Who Became Somebodies* (PA: Destiny Image Publisher, Inc, 2004), 11–12.

2) Herbert Lockyer, *All the Women of the Bible* (Michigan: Grand Rapids, Zondervan, 1967), 21–246.

가 쓴 누가복음과 사도행전을 통해서, 또 바울이 쓴 13개 서신을 통해서 많이 발견된다. 실제로 주후 1세기 예수님 부활 이후세대에는 참으로 많은 숨은 여인들이 사도, 교사, 복음전파자, 교회봉사자, 집사 등으로 헌신했다.[3] 그리고 그녀들의 모습은 성경 말씀 속 행간行間에 수줍은 듯 숨어있다. 한 때 성경은 그것이 가부장적家父長的인 문화 속에서 쓰인 것이므로 여성을 억압하는 신앙형태를 만드는 데 큰 영향을 끼친 부정적인 책으로 오해되었다. 그러나 이제 우리는 성경이 오히려 여성들을 위한 종말론적인 소망과 위로뿐만 아니라 미래를 향한 새로운 자유와 해방의 역사에도 깊이 관여했음을 발견할 수 있어야 한다.[4] 그 중심에 바로 유니아가 있었다. 그러므로 지금부터라도 우리는 유니아와 같은 숨겨진 성경 속 여자 사역자들을 더욱 많이 찾아내야 할 것이다.

4. 하나님의 일에는 남녀 차별이 따로 없다.

사실상 역사적으로 볼 때에도 초기 기독교 시대에 복음을 전파함에 있어 여성들은 매우 적극적인 수용자였으며, 또한 담대한 증거자였다. 더욱이 유니아를 통하여 알게 된 사도 바울의 사역은 어떻게 보면 여성 중심의 사역일 수 있

---

3) Susan Haskins, *Mary Magdalen: Myth and Metaphor* (New York: Harcourt Brace & Company, 1993), 53, 85, 88.
4) 강남순. "페미니즘과 성서해석학," 정기철 엮음.『성서해석학』(서울: 한들, 2003), 151-160쪽.

다는 점이다. 이러한 관점에서 그의 서신서를 읽다보면 이에 대한 확신은 더욱더 강해진다. 흥미로운 점은, 사도 바울은 오히려 남자들하고 사역하면서 자주 싸웠다. 바나바와 마가(행 15:36-41), 베드로(갈 2:11-14) 등등. 바울은 항상 그들과 몇 가지 갈등을 겪곤 했었다. 그러나 이상하게도 바울이 여자들과 같이 사역하면서 큰 어려움을 겪었다는 기록은 거의 없다. 더 나아가 오히려 어려운 일이나 중요한 일은 여자들에게 맡겼다. 그 중에 대표적인 것이 빌립보의 루디아이며(행 16:14), 로마서를 전달한 뵈뵈가 아닌가(롬 16:1)! 따라서 어떤 면에선, 이미 앞에서 언급했지만, 사도 바울은 남자보다도 여자와 함께 더욱 효율적인 선교사역을 펼쳤는지도 모른다. 사도 바울도 하나님의 복음사역을 하면서 남녀를 차별하지 않았듯이, 오늘날도 마찬가지로 하나님의 사역에 남녀차별이 없어야 할 것이다.

5. 오늘날 21세기 여성 기독교 사역의 성경적 모범이 된다(여섯 가지).

① 유니아는 오늘날 21세기 한국교회 여성 사역의 성경적 출발점이라 할 수 있다. 이러한 때 유니아의 재발견은 오늘날 한국교회 여성 사역자들을 위한 좋은 성경적 사례가 될 수 있으며, 또한 여성 사역의 귀한 본보기가 될 수 있다.

② 유니아는 21세기 한국교회의 미래에 있어 절대로 여자의 교회 사역 참여가 전혀 부끄러운 일이거나 금지될 일

이 아님을 증거하고 있다. 오히려 교회사역에 있어 권장사항이며 필수사항임을 보여준다.

③ 유니아는 오늘날 21세기의 한국교회가 여자 성도들의 교회 참여에 대하여 어떤 가치관을 지니고 긍정적으로 접근해야 할지를 보여주는 성경적 증거이다.

④ 유니아는 오늘날 한국교회의 여자 성도 모두에게 그녀들의 헌신적인 교회참여 동기부여가 어디에 있는지 보여주는 결정적인 성경의 사례이다. 한 마디로 여성의 교회참여는 바로 성서로부터 지지받고 있다.

⑤ 평범한 유니아가 특별한 유니아 되도록 만든 성령 충만의 능력이다. 만약 정말 유니아가 오순절 사건 때 기독교인이 되었다면, 그것은 복음의 불모지不毛地였던 로마에 당당히 하나님의 교회가 건설되도록 만든 유일한 출발점이 오순절의 성령 강림사건이었음을 증명하는 가장 귀한 사례이다. 유니아는 바로 성령 충만의 능력과 위력을 얼마나 큰지를 보여주는 대표인물이다.

⑥ 유니아의 재발견은 이 시점에서 한국교회로 하여금 새로운 성서 해석의 패러다임paradigm의 변화가 시급히 필요함을 깨닫게 한다. 물론 그렇다고 해서 하나님의 말씀인 성경을 자기 멋대로 자신만의 잣대를 가지고 오로지 여성중심으로만 해석하려는 억지는 옳지 못하다. 다만 여기서 말하고 싶은 것은 그 동안 무관심하고 무시했던 여성 사도에 대한 부분들을 보다 적극적이며 긍정적인 자세로 재분석할

필요가 있음을 말하는 것뿐이다.[5]

6. 유니아는 우리 자신을 우리 스스로 평가해 볼 수 있도록 한다.

과거 바울은 유니아의 이름을 적으면서 앞뒤로 많은 수식어를 달았다. 만약 지금 이 시간 하나님께서 우리의 이름을 기록하신다면, 그 앞뒤로 어떤 수식어가 붙을까? 만약 우리 목사님께서 우리의 이름을 기록하신다면, 그 앞뒤로 어떤 수식어가 붙을까? 만약 우리 주변 사람들이 우리의 이름을 기록한다면, 그 앞뒤로 어떤 수식어가 붙을까? 만약 내 자신이 내 이름을 기록한다면, 그 앞뒤로 어떤 내용을 담을 수 있을까? 과연 우리에게는 어떠한 수식어가 붙을 수 있을까? 그냥 단순히 수식어가 붙는 것만으로는 충분하지 않다. 정말 올바른 평가가 되려면, 우리 이름 앞뒤에 좋은 수식어, 참된 수식어, 아름다운 수식어, 은혜로운 수식어, 누가 봐도 인정할 수 있고, 동감할 수 있으며, 어디 내놓아도 부끄럽지 않은 수식어들이 붙어야 할 것이다. 그야말로 우리 이름 앞의 수식어는 우리의 무덤 앞에 붙을 묘비명과 같아야 할 것이다. 이러한 면에서, 유니아라는 이름과 그 이름 앞뒤로 붙은 여러 수식어는 과연 우리의 이름 앞뒤에 붙을 수식어가 어떤 것일지 평가하는 좋은 본보기이다.

---

[5] 김지철, "여성지도력을 위한 성서해석학적 고찰," 『敎會와 神學』 제 24집 (1992): 130-49쪽.

제7장
유니아와 21세기 여성 (where & how)

우리는 이때까지 유니아를 추적해왔다. 그 추적의 결과는 이렇다. 로마서 16장 7절에서 바울은 유니아라는 이름을 우리에게 소개한다. 바울은 그녀를 감히 사도라 불렀다. 따라서 유니아는 예루살렘의 오순절 성령강림 때에 은혜를 받아 기독교인이 되고, 훗날 사도 바울을 만나 함께 동역했으며, 그 뒤로 로마에 가서 로마교회 설립에 한 몫을 감당했던 여성 사역자일 수 있다. 또한 우리는 유니아가 누가복음 8장 3절에 언급된 요안나와 같은 여인일 수 있다는 낭만적인 추론도 잊지 말아야 한다. 물론 이러한 가설은 우리가 이때까지 진행해온 추적의 결과를 통해 충분히 입증되었다고 생각한다. 한 마디로, 유니아는 그 당시 사도 바울이 인정한 주후 1세기 로마 교회의 "여사도 중의 여사도"였을 것이다.

그러므로 이러한 유니아의 모습은 우리에게 오늘날 21세기 교회 안에서 여자 성도들의 사역범위와 기준을 정하는 데 있어 매우 중요한 성서적 사례와 기준을 제공한다. 오늘날 여자 성도들이 교회 안에서 나름대로의 자리에서 사역할 수 있다는 당위성이 유니아라는 성서적 인물을 통해서 충분히 입증된 셈이다. 분명히 유니아의 존재는 그것을 입증하는 틀림없는 성서적 증거이다.

그러나 아직도 이 부분에 있어서는 해결되지 않은 많은 문제가 남아 있다. 이 문제에 있어서는 이 책을 통해 유니아의 여자 사도성에 확신을 가지고 용기를 얻은 후학들에 의하여 더욱더 깊게 연구되고 논의되기를 간절히 기대한다. 일단 필자는 이 책에서 유니아가 오늘날 여성사역과 여성신학의 기준과 사례가 될 수 있는 성서적 증거임을 독자들에게 소개하는 것으로 만족하려 한다.

우리나라 전라남도 신안군에 중도라는 섬이 있다. 그곳에는 현재 2천여 명의 주민들이 살고 있는데, 놀라운 것은 그곳 주민 90%이상이 기독교인이다. 중도라는 섬이 그렇게 위대한 복음의 섬이 될 수 있었던 것은 오늘날의 여자 사도라 할 수 있는 고故 문준경(文俊卿, 1891-1950) 여전도사의 헌신과 사랑과, 봉사와 순교가 있었기 때문이다. 문준경 전도사는 여자의 몸으로 그 섬에 총 20개의 교회를 개척하고 설립했으며, 그 교회를 통하여 주변사람들을 예수 그리스도의 사랑으로 섬기며 복음을 전파했다. 실제로 남도 일대의 모든 섬을 돌아다니며 복음을 전파했던 그녀의 전도여행 지도를 보면 3차에 걸쳐 소아시아를 여행하며 전도했던 성경 속 바울의 모습이 연상된다. 그 결과 참으로 많은 신앙의 자녀들이 그 섬에서 태어났다(김준곤 목사, 이만성 목사, 이봉성 목사, 정태기 목사 등등). 그러던 중 6·25 전쟁이 일어났고, 문준경 전도사는 공산당에게 "새끼를 많이 깐 씨암탉"이라 욕을 당하고 순교했으며, 그 뒤 그 분의 순교신앙에 영향을 받은 진리교회 48명의 성도들도 문준경 전도사를 따라 순교했다. 순교자 중엔 여덟 살짜리 이완순도 있었다. "천국의 섬"이라 불리는 증도는 이렇듯 순교자들의 피를 머금고 자라온 복음의 성지聖地로, 곳곳에 문준경 전도사의 흔적들이 남아 있다. 어쩌면 문준경 전도사도 중도 섬의 숨겨진 여자 사도 유니아가 아닐까?[1]

이처럼, 우리 한국교회의 역사자체가 여성 신도들이 가지고 있는 신앙의 위대성을 보여주고 있다. 그러므로 이제부터라도 한국의 기독교는 여성사역에 깊은 관심을 두고 오늘날 21세기의 유니아를 많이 발굴하고 키워내고 헌신하도록 이끌어야 할 것이다. 물론 각 교단마다, 각 개인마다, 각 교회마다, 각 공동체마다 어느 정도의 차이가 있을 것이다.

---

1) 임병진 유승준,『천국의 섬』(서울: 가나북스, 2007), 38, 61, 65, 251, 258쪽.

그러므로 앞으로 한국교회의 모든 교단이 여성 목사안수를 허락하든 허락지 않든, 그것은 각 교단의 결정에 따를 일이다. 그러나 여성 목사안수가 허락된 것만으로 모든 문제가 해결된 것은 아니다. 왜냐하면 여성 목사안수가 허락되었다 해도 한국교회 안에는 여성들이 사역함에 있어 해결해야 될 문제들이 여전히 많기 때문이다. 지난 2008년도의 상황을 예로 들어보려 한다.

> 한국에서의 여성 목회자의 길은 요원하기만 하다. 목회자의 꿈을 안고 신학대학원을 선택한 여성 신학도들이 졸업 후에 마땅한 사역지를 찾지 못할 뿐만 아니라 사역 현장에서도 부당한 차별에 설움을 겪고 있다. 모두 '여성'이라는 이유 때문이다. ……설문조사한 결과 응답자 중 84.9%는 '한국 교회가 여성 교역자들을 차별하고 있다'고 응답했다. 가장 많은 차별의식을 느끼는 부분은 '평신도들의 인식(48.2%)'이었다. ……결국 제도의 문제가 아니라 인식의 문제라 할 수 있다.[2]

물론 이러한 상황은 현재도 예외는 아니다(2014년). 일단 여성 사역자를 향한 우리들의 인식이 먼저 변해야 한다. 그 인식의 변화에 여자 사도 유니아의 존재가 한 몫을 감당하리라 생각한다. 따라서 위에 제시한 모든 내용에 기초하

---

[2] "한국 여성 신학도 갈길 멀다,"「미주 크리스천 신문」(2008/ 5월 31일): 11면.

여 앞으로 한국교회의 모든 여성 사역자들은 유니아의 존재와 그녀가 가지고 있었던 사도로서의 정체성을 스스로 확인하고, 더 나아가 그녀가 보여준 헌신의 모습을 본받아 하나님께 귀한 그릇으로 쓰임 받도록 자신의 자리를 찾고 그 자리에서 힘써 헌신해야 것이다. 그러다 보면 여성 사역자들을 향한 기존 성도들의 인식도 변화하리라 생각한다. 돈 윌리엄스Don Williams 교수는 이러한 움직임을 신앙 안에서 이룰 수 있는 여성의 영적해방으로 간주하고 다음과 같이 주장했다.

> 여성들은 그들의 사명과 은사들이 관련된 역할의 선택을 경험하는 구속적인 공동체의 상황 속에서 그리스도 안의 새 삶으로 여성들을 인도하도록 교회가 하나님에 의해 사용될 때 해방될 것이다. ……남자들과 함께 그리스도 안에서 그들의 영적 잠재력에 도달할 때에 '완전한 기독교인'이 될 것이다. ……섬김을 통해 그들을 사랑하시는 그리스도에 의해서 해방될 것이다.[3]

따라서 이 책을 통해 소개된 여자 사도 유니아의 재발견은 21세기 한국교회의 여성 사역을 다시금 회복할 수 있도록 이끄는 귀중한 초석礎石이라 할 수 있다. 그야말로 유니아는 오늘날 21세기 한국교회 여성 지도자들을 위해 하나

---

3) Don Williams, *The Apostle Paul and Women in the Church*, 김이봉 옮김, 『바울과 女性』(서울: 기독교문사, 1982), 174.

님께서 로마서 16장 17절 속에 숨겨 놓으신 보물 중 보물이다. 아무쪼록 하나님께서 21세기에 유니아와 같은 훌륭한 여성사역자를 우리 한국교회에 많이 허락하시길 기도할 뿐이다.

참고로, 필자가 현재(2014년) 부교역자로 섬기고 있는 영락교회(담임목사 이철신)에는 아주 독특한 선교지원 단체가 있다. 이 선교지원단체는 영락교회의 권사들이 중심이 되어 국내외 선교를 물심양면으로 지원하는 선교후원조직이다. 이 조직은 지난 2001년 7월 북한선교학교를 수료한 제2여전도회 회원들에 의해 세워졌다. 그 당시 회원들은 중국 북경 비전트립을 다녀온 뒤 북경의 선교사역에 큰 도전을 받고 그 선교사역을 돕기 위해 이 조직을 세웠는데, 처음에 33명의 권사들에 의해 시작했으나 현재는 100여명의 회원들이 이 조직에 가입되어 있다. 지금까지도 이 선교후원조직 회원들은 중국 뿐 만아니라 해외 모든 선교사들에게 매년 소정所定의 예산을 책정하여 후원하고 있다. 그런데 놀라운 것은 그 선교지원조직의 이름이 바로 '유니아'라는 점이다. 필자가 영락교회에 부교역자로 부임한 2011년, 필요에 따라 '유니아회'의 정기 월례회 설교부탁을 받고 그 모임에 가서 말씀을 전한 적이 있다. 그 때 필자는 약간 놀랐다. 왜냐하면 지금까지 유니아라는 이름을 가지고 봉사해 온 유니아 회원들 가운데 그 어느 누구도 그 이름의 출처가 로마서 16장 7절의 여자 사도 유니아로부터 온 것임을 알지 못했기 때문이다. 그래서 그 때 필자는 로마서 16장 7절을 본문으로 하여 여자 사도 유니아의 사도적 존재와 그 의미를 여러 권사님들에게 알려 준 적이 있다. 그 때 유니아라는 이름의 성경적 유래를 처음 알게 된 유니아 회원들은 신선한 충격을 받았으며, 그 뒤론 그 이름에 걸맞게 사역하기 위해 지금도 21세기의 유니아로서 더욱더 열심히 봉사하며 헌신하고 있다.

간절히 소망하기는, 앞으로 한국교회의 여러 여성단체와 여성전도회나 여성선교회에도 유니아라는 이름이 널리 사용되는 때가 속히 오기를 간절히 바란다. 그래서 오늘날 21세기의 유니아가 재생산되어 하나님께 영광 돌리고, 세계 모든 곳에 하나님의 은혜를 전하는 때가 곧 오기를 간절히 기도한다.

복음이 전파되어야 하는 모든 곳에……
하나님의 은혜가 깃드는 모든 곳에……
21세기 유니아여 일어나라!
한국교회 여성들이여! 빛을 발하라!
하나님께서는 오늘날 21세기의 유니아! 바로 당신을 기다리고 계신다!

모든 영광을 하나님께! (Soli Deo Gloria!)

끝나는 말

나에게는 사랑하는 아내가 있다. 아내는 2005년 5월 23일 한국에서 나와 결혼했고, 그 뒤 가난한 목사인 남편을 따라 난생 처음 계획에도 없던 미국에 왔다. 그리고 2006년 6월 초순 첫 임신을 했다. 그런데 여름 수련회를 다녀온 2006년 8월 7일 오후, 갑자기 화장실에서 하혈下血을 했고 바로 그 다음 날인 8월 8일 오후, 어렵게 찾아간 미국인 병원에서 첫 아이가 유산되었음을 의사로부터 확인받았다. 그 때가 임신 12주였다. 태아胎兒의 심장이 뛰지 않았다. 물론 유산이란 여자라면 어쩌다 경험할 수 있는 평범한 일일지도 모른다. 그러나 정작 그 일을 당한 사람에게는 평생의 아픔과 상처가 된다.

나는 2001년 7월, 한국으로부터 특별한 경제적 지원약속을 받은 것도 없이 그냥 홀몸으로 유학 왔던 가난한 목사였다. 때문에 나는 미국에서 죽은 태아를 자궁으로부터 끌어내는 소파수술을 시킬 돈이 없었다. 수술비는 매우 비쌌고, 아내에겐 의료보험조차 없었다. 미국의 여러 복지기관에 협력을 요구했으나, 미국시민이 아니라는 이유로, 예산이 다 떨어졌다는 이유로, 소파수술은 해당사항이 없다는 이유로 매번 거절당했다. 이러한 우리 부부의 모습을 딱하게 본 미국 담당의사는 약물투여 방법으로 소파수술을 대신하라고 권유했고, 우리 부부는 어쩔 수 없이 그 방법을 선택했다. 그러나 약물은 굉장히 독했다. 그때서야 우리는 뒤늦게 약국에서 그 약을 줄 때 왜 그렇게 많은 진통제도 함께 주었는지 깨달을 수 있었다.

이젠 그 때 상황을 자세히 이야기하기 싫다. 그때 아내는 많이 아팠고, 많이 쓰라렸고, 많이 외로웠고, 많이 서러웠고, 많이 고독했고, 많이 두려웠고, 많이 어두웠으며, 많이 슬펐고, 많이 고통스러웠다. 그래서 많이 울었다. 이때 준비되지 않은 남편 옆에서, 그것도 친정 부모와 떨어진 상태로, 아는 사람이 아무도 없는 미국 땅에서 혼자 이러한 고통을 이겨내야 했던 아내의 정신적, 육체적 충격은 오로지 하나님만이 아신다. 모두 다 나의 잘못이었다. 그것은 내 평생을 통하여 갚아도 다 못 갚을 아내를 향한 나의 빚이다! 그래도 어린 아내는 잘 견뎌주었다. 확실히 어린 아내는 목사인 나보다 더 강하고 위대했다.

　내가 학위공부를 다 마친 2007년 7월, 하나님께서는 우리 부부를 미국 뉴저지 초대교회로 인도하셨다. 하나님께서 은혜로 허락하신 새로운 목회터전 속에서 아내는 유산의 상처와 두려움을 서서히 극복하기 시작했고, 예전의 밝은 소녀의 웃음을 되찾으며 새로운 출산의 희망과 용기를 가지게 되었다.

　급기야 2008년 5월 29일(목) 오후, 아내는 자신이 또 다시 임신했음을 알게 되었고, 때가 차매 하나님께서는 2009년 아름다운 아내를 닮은 예쁜 딸을 우리에게 허락하셨다. 우리는 그 딸의 이름을 한국어로 "유나(揄娜, 옥구슬과 같은 아름다움)"라고 짓고, 영어로는 로마서 16장 7절의 이름을 따서 "유니아Junia"로 했다. 그 뒤 우리 가족은 한국으로 돌아와 2011년부터 서울 영락교회에서 부목사로 사역하게 되었고, 하나님께서는 지난 2012년 5월 우리에게 둘째 딸을 허락하셨다. 우리 부부는 둘째 딸의 이름을 유리(揄悧, 옥구슬처럼 아름다운 지혜)라 짓고, 영어로는 디모데후서 1장 5절의 이름을 따서 "유니게Eunice"라 했다. 결국, 하나님께서는 나에게 세 여자를 허락하신 셈이다. 한 여자는 내가 사랑하는 아내 성주경이요, 다른 두 여자는 내가 사랑한 여자를 통해 낳은 두 딸 "김유나(Junia-롬 16:7)"와 "김유리(Eunice-딤후 1:5)"이다.

　이런 의미에서 『추적! 유니아는 여자 사도인가?』라는 책은 위와 같은 과정을 거쳐 태어난 두 딸을 향한 아빠의 사랑이 담긴 작은 선물이다. 결국 이 책은 첫딸 유나가 태어난 2008년 미국에서 처음 집필을 시작하여 2009년 1차 탈고를 마친 뒤 2010년 한국으로 오면서 잠시 중단했다가, 둘째 딸 유리가 태어난 지난 2012년 재집필을 시작하여 결국 올해 2014년에 최종 탈고된 셈이다. 그래서 필자는 이 책을 내 딸 유나와 유리에게 헌정하며 선물한다. 훗날 우리 딸들이 이 책을 읽고 아빠의 사랑을 느끼며 하나님의 뜻을 찾는다면 그것보다 더 큰 기쁨과 보람은 없을 것이다. 아무쪼록 하나님께서 우리 두 딸들을 성경 속의 로마서 16장 7절의 유니아처럼 사용하셔서, 그 아이들이 하나님의 영광을 나타내며, 주변 사람들에게 예수 그리스도의 향기를 뿜어내고, 부모와 일가친척들에게 자랑스러운 귀한 일꾼으로 세워지기를 간절히 기도한다.

　　　　모든 영광과 감사를 하나님께 올려 드리며……

　　　　　　　　　　　　　　　　　　　주후 2014년 3월
　　　　　　　　　　　　　　　　　　　서울 영락교회 목회 사무실에서

참고문헌

A. 한글문헌

강남순. "페미니즘과 성서해석학." 정기철 엮음.『성서해석학』. 서울: 한들, 2003.
강혜순. "바울 공동체의 여성의 역할에 관한 연구." 미간행 석사학위논문, 서울기독대학교 대학원, 2011.
김지철, "여성지도력을 위한 성서해석학적 고찰."『敎會와 神學』. 제24집 (1992): 130-49쪽.
_____. "바울과 여성 선교동역자들(로마서 16장을 중심으로)."『長神論壇』13집 (1999), 27-48쪽.
김철웅. "유니아(Junia) 21C 한국교회 여성 지도자의 숨겨진 성서적 모델,"「월간 신앙세계」. 통권 467호 (2007, 6): 42-44쪽.
_____.『추적! 사도 바울의 16년』. 서울: 쿰란출판사, 2007.
김호경.『여자, 성서 밖으로 나오다』. 서울: 대한기독교서회, 2006.
박경자. "바울서신에 나타난 여성의 역할에 관한 연구." 미간행 석사학위논문, 호서대학교 연합신학전문대학원, 2004.
朴昶環.『新約聖書槪論』. 서울: 大韓基督敎書會, 1972.
방동섭.『십자군이 아니라 십자가의 정신입니다』. 서울: 이레서원, 2000.
박승로.『21세기 목회의 새로운 대안 가정교회』. 서울: 도서출판 세복, 2002.
박익수.『누가 과연 그리스도의 참 사도인가?』. 서울: 대한기독교서회, 1999.
朴鍾和.『女人天下』. 서울: 범우사, 1970.
소기천.『로마서가 새롭게 보인다』. 서울: 땅에 쓰신 글씨, 2003.
_____.『예수 말씀 전승궤도』. 서울: 대한기독교서회, 2003.

_____. 『예수말씀 복음서 Q 개론』. 서울: 대한기독교서회, 2004.
_____. 『남궁혁의 로마서 강해』. 서울: 장로회신학대학교출판부, 2004.
_____. "기독교와 이슬람의 여성 지위와 역할에 관한 예수 말씀의 연구."『한국 기독교 신학논총』Vol 70 (2010): 5-29.
신동하. "이단도 여성시대."『基督公報』. 제2905호 (2013. 7.6): 1면.
오성춘, 『교역과 여성안수』. 서울: 장신대출판부, 1992.
『옥스퍼드 원어성경대전』117권. 로마서 제9장-16장. 서울: 제자원, 2001.
이광순. 『선교학개론』. 서울: 한국장로교출판사, 1993.
이미옥. "바울의 여성관의 선교학적 의의." 미간행 석사학위논문, 장로회신학대학교 세계선교대학원, 2010.
이상규. "바울 공동체의 사람들." Hermeneia Today. 제27호 (2006/6월): 130-39쪽
이상근. 『신약주해 로마서』. 서울: 성등사, 1997.
_____. 『외경주해 신약외경』. 서울: 성등사, 1997.
이성희. 『미래목회 대예언』. 서울: 규장출판사, 1998.
이애실. 『어? 성경이 읽어지네!』. 서울: 두란노, 2006.
이재환. 『미션 파스블』. 서울: 두란노, 2003.
이필찬. 『로마서』. 서울: 이레서원, 2005.
이한수. 『복음은 구원을 주시는 하나님의 능력』. 서울: 이레서원, 2008.
임병진, 유승준.『천국의 섬』. 서울: 가나북스, 2007.
최영실. 『신약성서의 여성들』. 서울: 대한기독교서회, 1997.
최우혁. "평등한 교회 여성들의 동역자-바울." 한국여신학자협의회 엮음.『새롭게 읽는 성서의 여성들』. 서울: 대한기독교서회, 1994.
한국기독교학회 엮음. 『여성신학과 한국교회』. 서울: 한국신학연구소,

1997.

한규삼. 『요한복음 다시보기』. 서울: 아가페출판사, 2002.

_____. 『사도행전』. 서울: 생명의 말씀사, 2006.

"한국 여성 신학도 갈길 멀다." 『미주 크리스천 신문』(2008/ 5월 31일): 11면.

한미라. 『여자가 성서를 읽을 때』. 서울: 대한기독교서회, 2002.

홍성철. "사도 바울의 에클레시아와 가정 교회." 『목회와 신학』. 통권 221호 (2007/11월), 79-85쪽.

홍인규. "바울과 가정교회." 『한국복음주의 신약학연구』. (2003, 2), 225-27쪽.

황영자. "Accent 하나! - 유니아(롬 16:7)에 대한 고찰." 미간행 신학 석사학위논문, 총신대학교 대학원, 2003.

B. 번역문헌

荒井献. 『新約聖書の女性観』. 金允玉 譯, 『신약성서의 여성관』. 서울: 대한기독교서회, 1993.

Barclay, William. *The Letter to the Romans, Corinthians*. 편찬위원회 옮김. 『바클레이 성경주석 7-로마서 · 고린도 전후서』. 서울: 기독교문사, 2009.

Don Williams. *The Apostle Paul and Women in the Church*. 김이봉 옮김. 『바울과 女性』. 서울: 기독교문사, 1982.

Glazier, Michael. *The House Church in the Writings of Paul*. 홍인규 옮김, 『초대교회는 가정교회였다』. 서울: 기독교연합신문사, 2005.

Howe, E. Margaret. *Women & Church Leadership*, 김희자 옮김. 『여성과 성직』. 서울; 도서출판 엠마오, 1990.

Hurley, James B. *Man and Woman in Biblical Perspective*. 김진우 역,

『성경이 말하는 남녀의 역할과 위치』. 서울: 여수룬, 1988.

Jacobus de Voragine. *Legenda aurea*. 윤기향 옮김.『황금전설』. 서울: 크리스챤 다이제스트, 2007.

Kung, Hans. *Die Frua Im Christentum*. 이종한 & 오선자 옮김.『그리스도교 여성사』. 서울: 분도출판사, 2011.

Lightfoot J. B. and Harmer, J. R. trans. *The Apostolic Fathers*. Second Edition. 이은선 역.『속사도 교부들』. 서울: 기독교문서선교회, 1994.

Luter, Boyd & McReynolds, Kathy. *Women As Christ's Disciples*. 전의우 옮김.『여성, 숨겨진 제자들』. 서울: 예수전도단, 2006.

Ziesler, John. *Paul's Letter to the Romans*. 조갑진 옮김.『로마서 주석』 (서울: 기독교문서선교회, 2002.

C. 외국문헌

Allen, Roland. *Missionary Methods: St. Paul's or Ours?* London: World Dominion Press, 1960.

Barag D., Flusser D. "The Ossuary of Yehohanah Granddaughter of the High Priest Theophilus." *Israel Exploration Journal,* Vol. 36 (1986/Jan): 39-45.

Barclay, William. *The Letter to the Romans*. Edinburgh: The Saint Andrew Press, 1969.

_____. *The Mind of St. Paul*. New York: Harper & Brothers Publishers, 1985.

Barnhouse, Donald Grey. *God's Glory: Romans 14: 13-16: 27*. Grand Rapids: Wm. B. Eerdmans Publishing Company, 1964.

Bauckham, Richard. *Gospel Women: Studies of the Named Women in the Gospels*. Grand Rapids, Michigan: William B. Eerdmans

Publishing Company, 2002.

Boice, James Montgomery. *Romans 12–16*. Vol. 4. Grand Rapids, MI: Baker Book House Co, 1995.

Bosch, David J. *Transforming Mission: Paradigm Shifts in Theology of Mission*. Maryknoll, New York: 1993.

Bristow, John Temple. *What Paul Really Said About Women*. New York: HarperSanFrancisco, 1988.

Brown, Ann. *Apology to Women: Christian images of the female sex*. England, Leicester: Inter-Varsity Press, 1991.

Bruce, F. F. New *Testament History*. New York: A Galilee Book, 1969.

_____. *Paul and Jesus*. Grand Rapids, Michigan: Baker Book House, 1974.

_____. *Pauline Circle*. Eugene, OR: Wipf and Stock Publishers, 1985.

_____. *Paul: Apostle of the Heart Set Free*. Grand Rapids, Michigan: Wm. B. Eerdmans Publishing Co., 1998.

_____. *Romans*. Grand Rapids, Michigan: Derdmans, 2003.

Butz, Jeffrey J. *The Brother of Jesus and the Lost Teachings of Christianity*. Rochester, Vermont: Inner Traditions, 2005.

Carson, D. A. The *Gospel According to John*. Grand Rapids, Michigan: Wm. B. Eerdmans Publishing Co., 1991.

Cervin, R. S. "A Note regarding the Name 'Junia(s)' in Romans 16.7." New Testament Studies 40 (1994): 464–70.

Chilton, Bruce. *Mary Magdalene: A Biography*. New York: Doubleday, 2005.

Chrysostom, John. "The Homilies of St. John Chrysostom: Romans." in *A Select Library of the Nicene and Post-Nicene Fathers* of the Christian Church, ed. Philip Schaff, vol. 11. Grand Rapids: Wm. B. Eerdmans Publishing Company, 1975.

Chrysostom, John. in J. P. Migne, Patrologica Graeca, Vol. 60. Paris, 1862.

Crossan, John Dominic and Reed, Jonathan L. In Search of Paul. New York: HaperSanFrancisco, 2004.

Dunn, James D. G. Word Biblical Commentary on Romans. Waco, Tex.: Word Books, 1988.

──────────. The Theology of Paul the Apostle. Grand Rapids, Michigan: William B. Eerdmans Publishing Company, 1998.

Ehrman, Bart D. After the New Testament: A Reader in Early Christianity. New York: Oxford University Press, 1999.

──────────. Truth and Fiction in The Da Vinci Code. New York: Oxford University Press. 2004.

Epp, E. J. Junia, the First Woman Apostle. Minneapolis, Minn: Augsburg Fortress, 2005.

Evans, Mary J. Woman in the Bible: An overview of all the crucial passages on women's roles. Downer Grove, IL: InterVarsity Press, 1984.

Ferguson, Everett. Backgrounds of Early Christianity. Second Edition. Grand Rapids, Michigan: William B. Eerdmans Publishing Company, 1993.

Foh, Susan T. "A Male Leadership View." in Women in Ministry. ed., by Bonnidell Clouse & Robert G. Glouse. Downers Grove, Illinois: Inter Varsity Press, 1989.

Fraser, J. W. Jesus & Paul: Paul as Interpreter of Jesus from Harnack to Kummel. Sutton Courtenay: The Marcham Manor Press, 1974.

Furnish, Victor Paul. *The Moral Teaching of Paul: Selected Issues*. 3rd Edition. Nashivill: Abingdon Press, 2009.

Giesler Michael E. *Junia: The Fictional Life and Death of an Early Christian*. New York: Scepter Publishers, Inc., 2002.

Grenz, Stanely J. *Women in the Church: A Biblical Theology of Women in Ministry*. Downers Grove, Illinois: InterVarsity Press, 1995.

Haskins, Susan. *Mary Magdalen: Myth and Metaphor*. New York: Harcourt Brace & Company, 1993.

Hawthorne, Gerald F. Martin, Ralph P. and Reid, Daniel G. *Dictionary of Paul and His Letters*. Downer Grove, IL: InterVarsity Press, 1993.

Henry, Matthew. *Matthew Henry's Commentary: Acts to Revelation*. Vol. 6. Hendrickson Publishers, Inc, 1991.

Jervis, L. Ann. "The Purpose of Romans: A Comparative Letter Structure Investigation." *Journal for the Study of the New Testament Series 55*. Sheffield: Sheffield Academic Press, 1991.

Johnston, Philip S. *The IVP Introduction to the Bible*. Downers Grove, IL: InterVarsity Press, 2006

Keener, Craig S. *The IVP Bible Background Commentary: New Testament*. Downers Grove, IL: InterVarsity Press, 1993.

Kim, Chulwoong. "*The Impact of Contemporary Christian Music for Young Christians In Korea On Their Five Experiential Domains of Meaning.*" Ph. D. diss., Concordia Theological Seminary, 2007.

Kraemer, Ross Sheppard Kraemer and D'Angelo, Mary Rose. *Women and Christian Origins*. New York: Oxford University Press,

1999.

KÜng, Hans. *Women in Christianity*. London/New York: Continuum, 2002.

Kuyper, Abraham. *Women of the New Testament*. Grand Rapids, Michigan: Zondervan Publishing House, 1962.

Lightfoot, J. B. St. *Paul's Epistle to the Philippians*. London, 1868.

Lockyer, Herbert. *All the Women of the Bible*. Michigan: Grand Rapids, Zondervan, 1967.

──────────. *All the Apostles of the Bible*. Grand Rapids: Wm. B. Eerdmans Publishing Company, 1972.

Macy, Cary. *The Hidden History of Women's Ordination: Female Clergy in the Medieval West*. New York: Oxford University Press, Inc, 2008.

Malone, Mary T. *Women and Christianity: The First Thousand Years*. Maryknoll, New York: Orbis Books, 2001.

Marshall, I. Howard. *The Gospel of Luke*. Grand Rapids, Michigan: Wm. B. Eerdmans Publishing Co., 1978.

McKnight, Scot. *Junia is Not Alone*. Englewood, Colorado: Patheos Press, 2011.

Murray, John. *The Epistle to the Romans*. Grand Rapids, Michigan: Wm. B. Eerdmans Publishing Co., 1959.

Osiek Carolyn & MacDonald, Margaret Y. *A Woman's Place: House Churches in Earliest Christianity*. Minneapolis, MN: Augsburg Fortress, 2006.

Pape, Dorothy R. *In Search of God's ideal: Woman*. Downers Grove, Illinois: InterVarsity Press, 1976.

Pederson, Rena. *the Lost Apostle: Searching for the Truth About Junia*. San Francisco, CA: Jossey-Bass, 2006.

Polhill, John B. *Paul & His Letter.* Nashville, Tennessee: Broadman & Holman Publishers, 1999.

Pollock, John. *The Apostle: A Life of Paul.* New York: Doubleday & Company, Inc., 1969.

Ridderbos, Herman. *Paul and Jesus,* trans., David H. Freeman. Grand Rapids, Michigan: Baker Book House, 1958.

Sanday, William & Headlam, Arthur. *A Critical and Exegetical Commentary on The Epistle to the Romans.* Edinburgh: T & T Clark, 1971.

Schreiner, Thomas R. *Paul: Apostle of God's Glory in Christ.* Downers Grove, IL: InterVarsity Press, 2001

Scott, Ernest Findlay. *The Literature of the New Testament.* New York: Columbia University Press, 1957.

Shanks, Hershel & Witherington, Ben. *The Brother of Jesus.* New York: Haper San Francisco, 2003.

Stendahl, Krister *Paul Among Jews and Gentiles and Other Essays.* Philadelphia: Fortress, 1976.

Thorley, J. "Junia, A Woman Apostle." *Novum Testament 38* (1996): 18–29.

_____. "Junia, a Woman Apostle." 18. Oakes, P. *Rome in the Bible and the Early Church.* Grand Rapids, Michigan: Baker Book, 2002.

Vassallo, Wanda. *Junia–Woman Apostle: Only a Girl(Outstanding Women Leaders of the Bible).* Bridge–Logos, Inc., 2013.

Wallace, Daniel. *Junia Among the Apostle: The Double Identification Problem in Romans 16: 7* (http:// www. bible. org).

White, L. Michael. *From Jesus To Christianity.* New York: Harper San Francisco, 2004.

White, R. M. *Building God's House in the Roman World: Architectural Adaptation among Pagans, Jews, and Christians*. Baltimore: Johns Hopkins University Press, 1990.

Witherington III, Ben. *What Have They Done With Jesus?* New York: Harper San Francisco, 2006.

Wiersbe, Warren W. *Be Right: Romans*. Illinois: Victor Books, 1983.

──────────. *Wiersbe's Expository Outlines on the New Testament*. Wheaton, Illinois: Victor Books, 1992.

Wills, Garry. *What Paul Meant*. New York: Penguin Books, 2006.

Wright, N. T. "Women's Service in the Church: The Biblical Basis." paper presented at the symposium, *Men, Women and the Church*. St. John's College, Durham, England, Sept, 4, 2004.

──────────. *Paul for Everyone: Romans*. Part Two. Louisville, Ky: Westminster/John Knox Press, 2004.

Wubbels, Lance & McDowell, Terry. *Nobodies Who Became Somebodies*. PA: Destiny Image Publisher, Inc, 2004.

D. 기타자료

유니아(롬 16:7) 김지철, "바울과 여성 선교 동역자들", http://www.jcsoon.pe.kr/논문모음/여성선교동역자들.htm (2008년 1월 14일)

"The Acts of Paul and Thecla" (http://gbgm-umc.org/umw)

"http://blog.naver.com/PostView.nhn?blogId=jhy1959&logNo=90100948300" (2014년 2월 23일)

http://robincohn.net/books/junia-the-forgotten-apostle/who-was-junia/ (2014년 2월 27일)

유니아는 ~~추적!~~ 여자 사도인가?

'로마서 16장 7절'에 숨겨진 여자 사도를 찾아서

1판 1쇄 발행   2014년 6월 13일

지은이 김철웅
펴낸이 김재선

편   집 임예헌
디자인 김연정 / **표지 디자인** 성주경
펴낸곳 예솔
주소 서울특별시 용산구 용산동3가 1-17 신흥빌딩 5층
전화 02-3142-1663(영업), 335-1662(편집)   **팩스** 02-335-1643
출판등록 제 2-1525호(1993.4.3)
홈페이지 www.yesolpress.com   **E-mail** yesol1@chol.com

ISBN 978-89-5916-540-7   93230

* 책 값은 뒤표지에 표시되어 있습니다.